社會福利
政策執行網絡探析

李翠萍◎著

謹以此書獻給我最摯愛的父母，

沒有當年他們放手讓唯一的女兒翱翔美國東岸，

就沒有今天的我。

目次

圖目次

表目次

摘　要

　　福利國的思維引導著世界先進國家發展全面性的社會福利政策，我國政府也在此一思潮之下逐漸強調社會福利政策的重要性，這個現象從我國中央政府社會福利預算規模的不斷攀升可以窺知一二。然而，近年來我國經濟衰退民眾痛苦指數上升，低收入戶生活無以為繼甚至因此走上絕路的個案時有所聞，各類弱勢團體對於社會福利政策無法落實的抗議不絕於耳，顯然社會福利政策的預期成果與實際結果之間仍有很大的落差，也不禁讓人想要了解為什麼立意良好的政策在執行後卻無法達到預期成果的原因。

　　政策執行成效不彰甚至產生非預期副作用的原因很多，有論者將此歸咎於政策問題的認定錯誤；或是政策設計不良；或是執行過程的疏失，顯然政策過程各個階段都對於政策成效有深遠的影響。然而作者認為，社會福利政策的屬性特殊，落實的對象主要是分殊性大的福利案主，而政策執行階段就是直接接觸福利案主的階段，因此不論是政府基層部門，或是接受政府福利業務委託的私人機構，其工作人員對於政策的認知、工作的動機、提供福利服務的態度等等，都將直接影響案主的感受，也將直接影響政策執行的結果，因此社會福利政策執行階段更應該受到重視。

　　由於現今社會福利輸送系統的多元化，為社會福利政策執行過程注入了異於傳統的複雜性與動態性，政策執行網絡中的參與者，

不論是政府部門、業務受託機構、甚至是接受福利服務的案主，其角色與功能也都異於以往，這使得網絡參與者間的互動關係更形複雜，他們之間的協力合作程度，將直接影響政策執行的果效。因此，本書試圖從政策網絡的觀點，檢視政策執行網絡參與者的策略、認知、價值、態度、以及互動方式，並且以深度訪談的方式了解公部門社政單位在政策執行過程中的互動困境，再輔以系統思考途徑，為上述互動困境探索解決之道。

第一章
緒　論

第一節　研究動機與目的

　　在福利國（welfare state）的思潮之下，我國政府逐漸重視社會福利的重要性，從中央政府總預算觀之，近年來社會福利預算佔總預算的比例不斷攀升，自民國八十三年全民健康保險開辦前的8.9%至民國九十五年的 18.5%（行政院主計處，2006），可以看出我國政府對社會福利政策的強調。然而不可否認的是，近年來經濟衰退失業率上升，民眾痛苦指數攀升，低收入戶生活無以為繼甚至因此走上絕路的個案時有所聞，弱勢團體對於社會福利政策無法落實的抗議不絕於耳，這些現象突顯了我國社會福利系統仍有很大的進步空間。為什麼立意良好的社會福利政策在執行後卻無法達到預期的效果？為什麼中央政府社會福利支出的擴張卻不代表我國社會福利品質的提升？社會福利政策過程出現了哪些問題？產生了哪些困境？在既存的社會福利系統中，如何利用有限的資源來改善現狀？這些問題都值得學界與實務界加以深入探討。

　　由於現今社會福利輸送系統的多元化，為社會福利政策執行過程注入了異於傳統的動態性與複雜性，在政策設計上，政府社政單位從唯一的規劃者，變為整合各方利益與建議的協調者；在政策執

行上，則從唯一的服務輸送者，變為同時兼具服務輸送與品質監督
的角色，社會福利政策系統中的主要成員已不再只是政府與接受福
利服務的案主，還包括了承接政府業務委託的私人機構、民意代
表、媒體、學界等等。不但如此，在新公共管理顧客導向的思潮之
下，案主的定位也隨之改變，從被動接受政府「父權式的施捨」，
到主動爭取身為公民應有的權利，上述種種改變，都說明了現今社
會福利系統參與者間的複雜關係，不但參與者數量的增加，個別參
與者所擁有的資源，所採取的策略，以及互動的方式，都關係到整
個系統的運作結果，因此，要探討現今社會福利系統中所發生的困
境，應該從動態的政策網絡觀點出發，應較為符合政策現狀。

　　政策過程的各個階段從議題倡導、政策規劃、政策立法化、以
及政策執行，都有不同的行動者參與其中，而行動者的利益、態度、
認知、策略、與行為互動，形成一個權力與資源互惠與互賴的網絡，
在達成網絡目標的過程中，行動者同時追求本身的利益、價值、或
使命。網絡中或許存在著主導整體運作的行動者，但是若無其他行
動者的協力合作，不論是網絡或本身的目標都將無法達成，因為各
個網絡行動者或多或少擁有協助網絡運作的資源，缺一不可。在上
述政策過程的各個階段中，雖然參與者各異，但是有三類行動者不
斷重複，那就是政府的社政單位、社福性非營利組織、以及接受福
利服務的案主，這三類行動者在社會福利多元化的今日，角色與功
能都已逐漸改變：

　　1. 政府部門：近代社會福利典範的變遷，使政府部門在社會福
　　　利的提供上已經逐漸擺脫傳統的父權心態，從過去殘補式的

社會福利政策，至今強調全面性的、顧客導向的福利提供，都使社會福利不再只是政府財政寬裕時對弱勢族群的施捨作為，而是即使面對財政壓力也應該盡力提供的服務。因此，政府在社會福利領域中的定位與角色已與過去大不相同，即使財政吃緊，政府也無法任意刪減費用龐大的社會福利，所以政府積極尋求提供服務的替代方式，在有限的資源內為社會福利品質的提升找尋出路，而福利服務的委託外包變成了當然的趨勢。然而，當政府將契約外包視為解決政府財務壓力與提升服務品質的萬靈丹，而同時公私合夥的潮流盛行的今日，大眾似乎將關注的焦點過度放在接受政府業務委託的非營利組織上，而逐漸忽視公部門在社會福利政策執行上的功能。事實上，並非所有的社福業務都能以契約外包的方式解決，特別是關係到社會上弱勢團體權益的行政業務，例如政府津貼的發放，低收入戶生活補助的資格審核，政府急難救助的補助發放，甚至低收入戶家庭訪視等等，這些關乎個人隱私與公民應享權益的業務，都不宜以外包的方式由民間機構處理，因此政府社政單位在社福輸送系統中的重要性便不容小覷，而其行政績效也顯得格外重要。不只如此，政府部門在委外過程中，還需兼顧服務品質管控的責任，換言之，即使政府卸下了部份政策執行上的繁瑣業務，但是卻同時增加了許多與受託機構的溝通成本，以及監督服務品質的責任，因此筆者認為社政單位的行政績效更應該受到重視。

2. 社福性非營利組織：近年來，社福類的營利或非營利機構不
論在社會福利政策過程中的任何階段都扮演重要的角色，特
別是以人道關懷與公益追求為基本使命的非營利機構，更在
社會福利政策領域中具有不可忽略的影響力。非營利組織本
身兼具市場的彈性和效率，以及公部門的公平性和可預測性
等多重優點，又同時可以避免追求最大利潤與科層組織僵化
的內在缺失（江明修、陳定銘，2000：156），他們透過策略
聯盟，主導社福相關議題的倡導，使其進入政府議程，並積
極在政府規劃政策過程中提供建言，推動立法，監督政策執
行成果，確定社福法規的落實。非營利組織與政府間的關
係，從過去傳統的「主導典範」（dominant paradigm）下的
競爭關係（Gidron, Kramer and Salamon 1992: 5），到今日公
私協力的夥伴關係（Aquina 1992; Kouwenhoven 1993;
Kramer 1981; Najam 2000; Salamon 1987），可以看出非營利
組織在社政領域中的影響力。

3. 社會福利案主：新公共管理（New Public Management）運
動所倡導的顧客取向（client oriented）概念，重新定位了公
民在公共政策系統中的角色。新公共管理擷取了企業管理的
精神與工具，將之運用至公部門的組織再造（Dunleavy and
Hood 1994: 9），期望藉此促進公部門的績效，使政府的服務
輸送更具回應性（responsibility）、顧客導向（customer-oriented）、
與結果導向（outcome-oriented）。當公民與政府之間的關係，
被類比為企業與顧客間的關係之後，政府提供的服務是否符

合顧客的需求就變成重要的議題，顧客的真正需求不應該由政府決定，而應該由顧客本身決定，顧客不再是被動的服務接受者，而變成主動的權利追求者。顧客所提供的資訊、所發出的要求、以及對於服務的滿意度，都成為政策系統中不可或缺的關鍵資訊。然而，公民在長期被動接受政府服務之後，如何學習並了解自己在政策系統中的新定位是很重要的，而追求新公共管理精神的公部門應該有責任幫助公民對於自己權利義務的了解。

　　誠如上述，近代政策執行網絡行動者在功能與角色上的變化，使網絡運作更加動態複雜，如何釐清網絡運作過程的困境，以改善政策執行結果，是不容忽視的議題。因此，本書的主要目的有二：第一，從我國近年來中央與地方政府社會福利預算規模的變動趨勢，探究我國目前社會福利政策的現狀；第二，從政策網絡的觀點，探討主要網絡行動者在政策執行過程中的互動方式以及互動困境；第三，藉由系統思考途徑，為此政策執行網絡的運作困境找尋解決之道並提供建議。

第二節　研究方法

　　本書之研究方法主要分為兩部份，前半部以次級資料與文獻分析為主，後半部則以深度訪談為主，最後輔以系統思考途徑探索社

會福利政策系統的問題導因與解決途徑。本書首先透過次級資料分析，探討我國中央與地方政府社會福利支出的內容與規模，並與經濟發展支出做一比較。次級資料以中央與地方政府自民國八十三年至九十五年的預算資料為主，在中央政府方面，將社會福利預算規模與國防、教育科學文化、經濟發展做一比較，分析其佔總預算比例的消長；在地方政府方面，則只針對台北與高雄兩直轄市，以及基隆、新竹、台中、嘉義、台南五省轄市的社會福利與經濟發展預算規模做一比較分析。透過預算趨勢的觀察，配合相關政府文獻的探討，了解我國目前社會福利政策發展的背景。接著透過文獻探討，分析我國社會福利政策過程中，在政策議題倡導與政策執行兩個階段主要網絡行動者的策略及其互動方式。

　　本書第二部份則聚焦於政策執行網絡中主要行動者之一的公部門社政單位。研究方法以深度訪談為主，而研究對象則是台北市政府社會局與區公所社會課，主要探討兩單位間在執行地方社會福利政策過程中的互動模式。本研究選擇台北市為研究目標的主要原因，在於台北市為我國首善之區，不論在中央政府對於地方的補助款數額上；自有財源的規模上；或是各種地方建設上，都足以成為其他城市的發展典範，因此針對台北市進行研究不僅可以為該市社政單位的互動提供建言，也可以成為我國其他城市在社政運作上的參考。受訪者的遴選標準，在社會局方面以具有決策權者為主，共有四位接受訪談，而區公所社會課方面，遴選方式則是以財政壓力為標準，從台北市十二區中選擇財政壓力較大的區公所，選擇方式是以各區公所九十二年度行政管理與業務管理預算除以該區總人

口,得每人平均預算,數值越低代表該區的財政壓力越大,社福資源越有限。此研究選出五個區公所,而訪談對象則選擇與案主有較多接觸的工作人員,由於社會課的人員編制少,因此訪談對象可能是課長,也可能是具有多年業務經驗的承辦人員。

最後,本書利用比較研究,分析系統思考與政策網絡兩種途徑的異同,並基於深度訪談資料,透過系統概念模型的分析,說明地方政府政策執行網絡運作的困境及其導因,藉此找出系統槓桿解,為政策執行網絡運作提供解決之道。

第三節　本書主要架構

本書第二章從我國中央政府社會福利與經濟發展預算規模的比較為本書之研究提供相關背景的探討。我國中央政府社會福利支出近年來節節上升,特別是自政黨輪替以後,由於執政黨福利國家的意識形態濃厚,使得企業界普遍擔心政府重視社會福利甚於經濟發展,即使在民國八十九年國家經濟衰退時,社會福利支出仍不斷增加,在資源有限的情況下,各界開始出現社會福利排擠經濟發展一說,甚至認為社會福利的擴張將拖垮台灣經濟。因此,第二章試圖先透過文獻探討,了解社會福利與經濟發展的關係,以及政府公共支出成長的必然性,再經由政府預算的分析,探究從民國八十三年至今,中央政府、北高兩市、以及基隆、新竹、台中、嘉義、台南等五個省轄市之社會福利與經濟發展支出的消長趨勢,藉此探究

下列幾個問題：我國中央政府社會福利支出的內涵為何？支出成長的主要原因為何？支出成長是否代表福利品質的提升？社會福利與經濟發展支出的消長為何？此種消長是否普遍出現在研究標的的各級政府預算中？事實上，社會福利支出的劇烈成長是各福利國家的普遍現象，特別是 OECD 各國都曾經歷過這個階段，當國家面臨財政壓力而同時社會福利支出不斷上漲之際，各國紛紛針對國家社會福利系統進行整體的檢視，因此，筆者認為重新思考我國社會福利系統在各政策階段的問題與困境，才是提升社會福利支出效率的有效方式。

　　第三章從政策網絡的觀點，釐清我國社會福利政策過程中主要的利害關係人，並以網絡成員的組成份子、網絡成員的整合、網絡資源的分配、網絡的功能、以及網絡的界限等五個面向，來觀察網絡成員基於資源互賴與互惠所建構而成的政策網絡，以了解包括政府與非營利組織在內的網絡行動者分別擁有的資源、互動與資源交換的方式、達成共識的策略、甚至在外力介入時，化解衝突與歧見的方法。此章分析的兩種網絡－議題倡導與政策執行中，政策執行網絡對於政策結果有最直接的影響。現今的政策執行網絡與過去最大的不同，在於民間機構的大幅度參與。政府透過各種方式與民間機構合作輸送福利服務，已成為現今的趨勢，然而在此異於傳統的制度之下，筆者認為有兩方面值得深入探索。首先，政府即使將福利服務輸送業務委由民間機構辦理，但這並不表示政府責任的完全轉移，新的課責架構亟需重新檢視與建立。其次，政府在面對公私協力的潮流時，應該重新檢視本身的行政能力與困境，藉此深入了

解政府在新思潮中的角色與定位，使其更能符合當代社會對政府多元角色的期望。以下三章將分別處理這兩個問題。

第四章聚焦於政策執行理論的全面分析，呼應近年來歐美學者呼籲學界重新重視政策執行研究的必要性，整理相關文獻中各項關鍵要素對於政策執行結果的影響。本章可視為一個經驗研究的前置作業，透過文獻探討，對於政策執行影響要素在不同時期的內涵進行分析。本文採取政策執行整合途徑的觀點，從政策執行的靜態架構與動態過程，探討政策執行影響要素意涵的轉變。靜態架構分為兩個部份，分別是政策執行架構以及政策本質，至於動態過程，則指涉政策執行的過程以及政策學習。

第五章的主要目的是檢視政府社政單位在政策執行過程中，跨單位的互動問題與困境。雖然在第三章中，政府部門被整合為一個網絡行動者，但是本章將更細微地探究公部門單位之間的互動，因為在社會福利政策落實於地方的過程中，地方政府各層級單位間的互動方式將直接影響政策執行成果，因此政府社政單位之間的部際（interagency）關係其重要性不容小覷。本章延續第四章政策執行的文獻分析結果，以深度訪談為研究方法，從靜態與動態兩個面向檢視台北市政府社會局與區公所社會課之間的部際互動，在靜態面作者觀察部際的權責關係，在動態面則探討部際的資訊流通、資源交換、以及部際文化。從深度訪談資料的分析中，找尋二者互動過程的問題與困境。

第六章延續前面數章的研究，以系統思考途徑為基礎，建構概念模型以分析社幅政策執行網絡的困境與導因。本章分為兩個部

份，第一是結合政策網絡的觀點，探討如何透過系統思考幫助網絡行動者學習認識自己的新定位，並藉此建構更符合新公共管理思維的課責架構。第二是採用第五章的深度訪談資料，利用系統思考概念模型從宏觀的角度探索整個社會福利輸送系統中，公部門部際互動上最顯著的問題與導因，以尋找解決困境的適當方法。

參考文獻

一、中文文獻

行政院主計處，2006a，「歷年中央政府總預算案」網址：http://www.dgbas.gov.tw/ct.asp?xItem=3374&CtNode=1690 （檢閱日期：2006 年 6 月 28 日）。

江明修、陳定銘，2000，「台灣非營利組織政策遊說的途徑與策略」，公共行政學報，第 4 期，頁 153-192。

二、英文文獻

Aquina, Herman J. 1992. A Partnership Between Government and Voluntary Organizations: Changing Relationships in Dutch Society. In *Government and the Third Sector: Emerging Relationships in Welfare States*, edited by Benjamin Gidron, Ralph M. Kramer and Lester M. Salamon, 57-74. San Francisco, CA: Jossey-Bass Publishers.

Dunleavy, Patrick and Christopher C. Hood. 1994. From Old Public Administration to New Public Management. *Public Money and Management* 14(2): pp.9-16.

Gidron, Benjamin, Ralph M. Kramer and Lester M. Salamon. 1992. Government and the Third Sector in Comparative Perspective: Allies or Adversaries? In *Government and the Third Sector: Emerging Relationships in Welfare States*, edited by Benjamin Gidron, Ralph M. Kramer and Lester M. Salamon, 1-30. San Francisco, CA: Jossey-Bass Publishers.

Kouwenhoven, Vincent 1993. The Rise of the Public Private Partnership: A Model for the Management of Public-Private Cooperation. In *Modern Governance. New Government-Society Interactions*, edited by Jan Kooiman, 119-130. London: Sage Publication.

Kramer, Ralph 1981. *Voluntary Agencies in the Welfare State*. Berkeley, CA: University of California Press.

Najam, Adil 2000. The Four-C's of Third Sector-Government Relations:

Cooperations, Confrontation, Complementarity, and Co-optation. *Nonprofit Management & Leadership* 10(4): 375-396.

Salamon, Lester M. 1987. Partners in Public Services: The Scope and Theory of Government-Nonprofit Relations. In *The Nonprofit Sector: A Research Handbook*, edited by W.W. Powell, 99-118. New Haven, CT: Yale University Press.

第二章
我國社會福利與經濟發展預算消長分析

　　台灣在民進黨政府執政初期，由於其發展福利國家的意識形態，使得當時企業界普遍擔心政府對於社會福利的重視會甚於經濟發展，特別是國家經濟自民國八十九年進入衰退期，民進黨政府重視社會福利的意識形態使各界憂心忡忡，眼見社會福利支出的不斷增加，而經濟發展支出未見成長，各界韃伐之聲不斷，認為社會福利是一種消費性的支出，對於國家而言只是資源的消耗，深恐社會福利支出的擴大會排擠經濟發展，並進一步拖垮台灣經濟。

　　事實上，在資源有限的情況下，各科目的預算本來就可能互相排擠，這應該不只是社會福利與經濟發展二者的問題，而是包括教育科學文化支出、國防支出等等整體預算的問題。所以，若只拿社會福利與經濟發展二者來討論資源的排擠，並認為社會福利會拖垮國家經濟，似乎太過偏頗。舉凡朝向福利國邁進的歐洲國家，雖然在一九七〇年代出現財政危機，但至今尚未聽聞有因國家福利擴張而導致經濟一蹶不振的例子。再者，一國的社會福利支出擴張，並不見得就表示該國正邁向福利國的目標。因此，本文試圖先透過文獻探討，了解社會福利與經濟發展的關係，以及政府公共支出成長的必然性，然後分析政府預算，探究過去十年中央政府與地方政府之社會福利、經濟發展、國防、與教育科學文化等支出的趨勢，以

回答下列幾個問題：台灣社會福利支出的成長，是否就能斷言社會福利品質的提升？社會福利與經濟發展支出的消長，是否為全國普遍的現象？換言之，各級政府的預算是否都出現同樣的消長情形？

第一節　社會福利與經濟發展的關係

　　福利國家與自由主義國家或社會主義國家最大的不同，在於國家的干預可因為福利的目的而提昇其正當性，換言之，在福利國的概念之下，國家具有較大程度的合法干預性。相較於自由主義對自由市場的強調，以及社會主義對國家干預的強調，福利國家對於私人財產以及企業功能之獨立性予以保護的同時，認為國家的干預有其必然性，國家的出發點在於同時提昇個人自由和集體風險的預防。至於個人自由的程度，以及個人自由行動之機會的分配，並非由市場決定，而是由國家社會規範而來。此外，福利國家所反映出來的概念，就是國家干涉程度增強的同時，整個社會自我調控能力也應同時增強（施世駿譯，2002：23-28）。德國社會理論家 Luhmann 發展的社會系統功能分化理論中，認為現代社會發展出各種不同功能的次級系統，這些具有單一功能的次級系統，除了專注於各自的運作之外，還互相調整系統間的關係，並盡可能降低環境因素的影響，使各系統在接受環境影響時，不致改變其自律（高宣揚，2002：128-129）。而福利國家的概念，便是相信國家的政治、經濟、文化、社會等等次級系統各自運作之後，產生了問題，因此，必須要找出

上述各系統中不同邏輯之間的綜合。這樣的反省，使國家不再獨立提供福利服務，而是應該發展具體的制度，納入社會中的其他部門，包括市場，家庭與第三部門共同參與社會福利的提供（施世駿譯，2002：26）。英國的混合經濟，就是把市場與第三部門納入社會福利體系一個很好的例子。正如 Abramovitz （1981: 13）所言，混合經濟的目標，就是在不失去太多市場組織與私人企業之動態性與配置效率的前提下，獲得經濟生活中在分配上的正義與安全感。

　　所以，福利國家政策其中一個成功的條件，就是經濟和社會政策之間能達成正面的相互作用。歐洲福利國家中的瑞典與德國，就是一個很好的例子。瑞典一直都以「完全就業」當作主要的社會政策，而德國則一直都以穩定幣值為首要的經濟政策，但兩國的長久經驗顯示，不論採用何種策略，此二國都使得經濟政策與社會政策能共同作用（施世駿譯，2002：26-27）。

　　論及社會福利與經濟發展二者的價值，大致可以分為兩種，一種為認同社會福利對經濟發展的重要，認為社會福利並不是純消費性的，也不是經濟體系的純負擔，而是經濟能夠穩定成長的社會基礎，尤其是在「再生產」與穩定消費能力上所發揮的積極功能（詹火生、古允文，1999：326-327）。社會福利本身有許多經濟的功能，不但有助於維持勞資關係的和諧，且可以幫助提高勞動生產力，降低勞動力再生產的成本，因此不應該和經濟發展相互對立。這種對於「勞動力再生產」的強調，從近年來香港的社會福利政策上便可明顯看出。香港在一九六〇年代後期經濟起飛，隨著經濟的發展，政府在社會福利政策上做了相當大的改革，社會福利經費也成長快

速，從一九七三年至一九九四年的社會福利經費（包括教育、房屋、社會福利、醫療保健服務）成長率是 4000%，這是由於香港政府普遍相信社會福利的提供有助於社會資本的累積與勞動力的再生產（Chau and Yu 1999:89）。中國大陸在後毛澤東時期開始注重社會福利改革，但強調社會福利的功能是為了解決社會問題並提升經濟發展（Chau and Yu 1999:100-101）。顯然，對於中國大陸與香港而言，社會福利本身並沒有什麼價值，其價值是依附在經濟發展上，但是二者皆假設社會福利對經濟發展有正面的貢獻。在認同社會福利的看法中，也有認為社會福利應是經濟發展的結果者，例如曾在一九四九年擔任西德經濟部長的 Ludwig Erhard，便主張社會全體成員的福祉應該經由經濟發展來提高，所以國家的任務，不在於主動提供福利，而是應該致力於促進整體經濟發展來達到社會福利的目標（施世駿譯，2002：26）。

　　另一種看法則是認為社會福利對國家的總體經濟會造成負面的影響。例如，Rosen 利用預算線與無異曲線來分析社會福利制度之下，福利接受者的工作動機，結果發現不論是現金或非現金的福利補助，都會使福利接受者的休閒時數增加，工作動機下降（Rosen 1995: 176-180）。另外，類似「社會安全養老年金」的制度則容易造成國民的儲蓄意願下降，因而降低國家資本的形成，影響國家長期的經濟發展。事實上，西方國家長期探討有關社會福利是否會影響個人工作動機的議題，但至目前為止，尚未有實證研究發現社會福利的提供與個人工作動機有顯著相關，因為影響個人工作動機的因素相當多元複雜，其中還包括個人的成就感與自尊等等難以貨幣

化的因素，所以，要找出二者的因果相關實非易事。至於類似「社
會安全養老年金」的出現是否會影響資本累積的問題，Feldstein
（1974）用生命週期模型（life-cycle model）的研究發現美國自開
始實施社會安全制度以後，從一九二九年至一九七一年間儲蓄率下
降了 30%-50%，且資本量減少了 38%，換言之，社會安全制度在
保障人民退休後之所得的同時，也減低了人民在工作期間的儲蓄
量。但也有研究推翻此一論點，認為社會安全制度對人民儲蓄的影
響是不顯著的（Danziger, Haveman, and Plotnick 1981; Munnell
1982）。當然，不同的歷史文化對國民的儲蓄率也有影響，例如日
本自一九六〇年代至今，一直維持超過 30%的儲蓄率（陳小紅，
1996：62），相信這與東方社會對於儲蓄的重視以及財產代間移轉
的觀念有相當大的關係。

　　反思我國的社會福利，在重視家庭倫理的傳統文化之下，空有
「民生主義」與「建立福利國」的口號，但真正「福利國」的概念
至今從未具體成型過。我國對於社會福利的概念，仍是立基於「家
庭主義」的「殘補式（residual）社會福利」（林萬億，1995：31），
雖然近年來社會福利支出佔國家總歲出的比例逐漸增加，但是，在
模糊的福利國概念之下，社會福利政策的發展，主要仍受到政治與
選票的影響。以下將先從文獻檢閱了解政府社會福利支出成長的原
因，再從中央政府與地方政府的預算來分析我國社會福利與經濟發
展支出的趨勢。

第二節　政府社會福利與經濟發展支出成長的原因

　　一般而言，屬於全國性的公共財貨，由於是提供整個國家集體消費的，因此，應該由中央政府負責，例如國防、穩定國家經濟策略或是所得重分配措施等等，而其中所得重分配的相關支出，會隨著國家對於公民應享之福利權範圍的變動而變動，因為一旦某種福利服務被國家法律界定為公民應享的權利，那麼，決定相關預算的裁量權將變得相當有限，Straussman（1988: 101-102）將如此的預算稱為「以權利為基礎的預算」（rights-based budget），並觀察到政府的預算中，這種預算所佔的比例已經逐漸增加。

　　造成政府公共支出成長的原因很多，歷年來，不同領域的學者們分別以不同的觀點來觀察與詮釋這個現象，這些原因大致可以分為三類，分別是經濟性、社會性、與政治性的因素。經濟性的因素包括國民所得的增加、公共財的價格、民眾的財政幻覺、租稅的負擔、工業化的程度等等。至於社會性的因素，則包括失業問題、財富分配的程度、人口結構的改變、社會的大變動等等。而政治性的因素，則包括利益團體的成長、領導者的政治理念、法律制度、官僚體系的特質等等（孫克難，1997：10）。

　　根據德國財政學家 Wagner 的假設，當人民所得增加，政府支出的需求壓力也愈迫切，因為隨著經濟的成長以及經濟結構的工商業化，國民生產增加，國家的財政、經濟、社會與政治的相互依存性與日俱增，政府各種活動的範圍日益擴大，為了充分滿足人民的

經濟慾求與共同的需要，政府的公共支出有逐漸膨脹的趨勢。這個假設的前提，是把政府所提供的財貨與勞務視為「正常財貨」，所得彈性大於1，當所得增加，國民對政府所提供的財貨與勞務的購買量將相對增加，尤其是對非純粹公共財的需求，例如社會福利、教育、交通、都市建設等等的社會財（social goods）更是（Wagner and Weber 1977；孫克難，1983：4；張則堯，1993：191-193）。一個針對台灣地區自民國四十年至民國七十年的政府支出所做的回歸分析發現，社會福利支出與經建交通支出的所得彈性皆大於1，分別是 1.58 與 1.55（孫克難，1983：39），顯見台灣經驗與華格納的假設有契合之處。另一個針對台灣自民國五十一年至民國八十三年之政府支出的實證研究，發現經濟發展支出與社會福利支出有驚人的成長，其平均年增率分別是 21.67%與 19.13%，除了債務支出以外，此兩種支出的成長率在所有政事別中，分佔第一與第二。另外，在對華格納法則的檢證上，亦顯示政府總公共支出之所得彈性大於一，符合華格納法則（張李淑容，1996）。

　　英國經濟學家 Peacock and Wiseman（1961）在觀察了英國政府支出的發展歷史，發現英國政府的支出趨勢並非屬於舒緩性的成長，而是不連續地階梯式上升，謂之「移位效果」（displacement effect）。此種特殊趨勢的成長，一方面是因為戰爭期間人民對於租稅的容忍程度（tax tolerances）提高，即使戰後國家的緊急支出減少，然人民已經習慣了戰時的高稅收，因此，政府支出不需要再回到戰前的水準，而可以向上提升，另一方面，社會在面臨諸如戰爭

般的大動亂之後，開始重新檢討非國防性支出（如社會福利支出或教育支出）的必要性。

Meltzer and Richard（1981）則透過中位數投票者模式來分析政府支出膨脹的原因，該研究發現，國家的所得重分配計畫不僅反映出「中間選民」（median voters）的需求，也決定於「中間選民」在所得光譜中的位置，而社會上所得分配的扭曲程度與國家所得重分配的規模有很強的相關性。若所得集中於少數富有者身上，國家的平均所得將高於「中間選民」的所得，則所得重分配的計畫對於「中間選民」將越具吸引力，當然，一個極端貧窮的經濟體將會產生相反的影響，「中間選民」的所得大於平均所得，因此所得重分配對「中間選民」的吸引力將相對降低。Meltzer and Richard（1983a; 1983b）曾利用上述發展的模型來分析美國的政府支出，發現社會福利服務的供給量雖與所得水準沒有相關，但卻隨著平均所得與中間所得的比例消長。所以，當經濟發展導致所得分配極端不均時，「中間選民」對所得重分配與社會福利措施的需求增加，是造成政府支出膨脹的主因。

Wager（1976）認為，複雜的租稅制度，以及主要仰賴間接稅的租稅制度，容易使納稅人產生「財政幻覺」（fiscal illusion），以為租稅的負擔成本比從公共財所獲得的利益低，因此，納稅人對公共財的需求量會增加，導致對政府做出過多的要求（Wager 1976；徐仁輝，2002：90）。雖然有針對台灣政府從民國五十七年至民國八十四年之支出的實證研究顯示，稅制複雜度的上升對政府支出增加的影響並不顯著（孫克難，1997：16），但並不表示民眾的「財

政幻覺」對台灣政府支出的膨脹沒有影響。事實上，台灣全民健保的低費率，以及比其他福利國家相對較低的一般稅率，再加上政府在選票考量之下，預算赤字皆以發行公債來平衡，寧願以債養債也不願增稅，使民眾誤以為公共服務的成本很低，不但容易濫用公共服務，也容易提升需求，使國家累積的債務急遽攀升，這種「財政幻覺」所造成的政府支出膨脹，在台灣可說所在多有。

第三節　我國中央政府社會福利與經濟發展支出的分析

壹、社會福利支出與經濟發展支出的範圍

社會福利支出的主要目的是透過政府和社會大眾集體的力量，聚合並利用社會資源，協助社會中之個體，能在具有社會保障制度下生活及生存。廣義的社會福利，除了一般狹義的社會福利項目，例如社會保險、社會救助、福利服務、國民就業、醫療保健之外，尚可包括社區發展及環境保護、住屋政策、公務人員退休撫卹等等。本文擬以狹義的社會福利支出為研究重點，主要的社會福利支出類別如下（行政院主計處，2006b）：

(一) 社會保險支出：包括各項社會保險之補助，及辦理勞工保險、農民健康保險、全民健康保險、軍公教人員保險等有關之支出。

(二) 社會救助支出：對生活困難之低收入者；遭受緊急患難或
　　變故者；以及非常災害之受害者之各項補助支出。

(三) 福利服務支出：針對兒童、青少年、婦女、老人、身心障
　　礙者、勞工、農民、反共義士、大陸榮胞及退除役官兵所
　　提供之各項福利性服務或補助支出。

(四) 國民就業支出：包括辦理職業訓練、技能檢定、促進就業
　　及就業服務等有關之支出。

(五) 醫療保健支出：辦理醫療、保健、防疫、公共衛生、藥品、
　　食品衛生等業務有關之支出。

　　中央政府社會福利支出佔總預算的比例，從民國八十六年的
13.2%上升至民國九十五年歷史創新高的 18.5%，其中以社會保險
支出所佔的比例變化最大。社會保險支出與福利服務支出一直是社
會福利總支出中最大的兩項支出，特別是自民國八十四年全民健康
保險開始實施以後，社會保險支出更是成長驚人，其佔社會福利總
支出的比例，曾經從民國八十三年的 32.6%上升至民國八十四年的
53.3%。以過去十年的預算來看，民國八十六年的社會保險支出佔
社會福利總支出的比例為 43.7%，而福利服務支出佔社會福利總支
出的比例則為 41%，而民國九十五年的社會保險支出佔社福總支出
的比例則上升為 51.9%，同時福利服務支出則下降至 38.8%（行政
院主計處，2006a）。

　　經濟發展支出包括農業支出、工業支出、交通支出、以及其他
經濟服務支出：

(一) 農業支出：包括農、林、漁、牧、水利、自然資源保育等業務有關之支出。

(二) 工業支出：包括工、礦、營造、水電、燃料及能源等業務有關之支出。

(三) 交通支出：包括陸、海、空運及郵政、電信等業務有關之支出。

(四) 其他經濟服務支出：一般經濟及商業事務、貿易、投資促進、專利、商標、標準、觀光、氣象、經濟專業人員訓練及其他有關經濟發展業務之支出（行政院主計處，2006b）。

中央政府經濟發展支出自民國八十六年至九十五年的變化很大，從佔總預算的 10.2%，歷經九十一年最高的 16.9%，至九十五年的 10.8%。

貳、我國中央政府的社會福利與經濟發展支出趨勢

中央政府年度支出中，一向以國防支出、教育科學文化支出、經濟發展支出、以及社會福利支出為大宗。誠如前述，我國全民健康保險自民國八十四年開始實施，也因此影響了社會福利支出的規模，因此，本段針對中央政府的預算分析將從民國八十三年開始，以便看出健保前後社會福利支出與經濟發展支出的相對規模變化。圖 2-1 顯示中央政府從民國八十三年以來在上述四大支出的發展趨勢，圖 2-2 則整理了四大支出分別佔總預算的百分比。兩圖皆

顯示自民國八十四年全民健保開辦以後,社會福利支出不論在總額上或佔總預算的比例上皆開始超越經濟發展支出。全民健保開辦以後,社會保險這項預算從民國八十三年的 325 億(佔總預算的 2.9%,佔社會福利總預算的 32.9%)上升至民國八十四年的 759 億(佔總預算的 7.2%,佔社會福利總預算的 53.4%),其中內政部社會保險業務增加了 191 億,衛生署全民健保業務預算增加了 91 億,國軍退除役官兵輔導委員會榮民與榮眷的保險補助增加了 51 億,在資本門的部分,增設衛生署中央健保局資本預算 80 億。

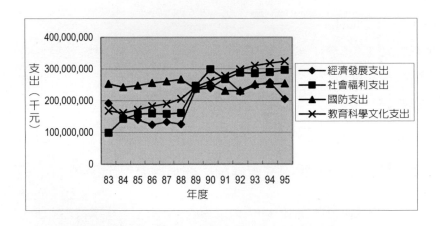

圖 2-1　中央政府國防、教科文、經發、社福支出趨勢圖

註:八十九年度預算是由八十八年度下半年與八十九年度預算總表還原而來
圖表來源:作者自繪
資料來源:行政院主計處歷年歲出政事別預算總表
　　　　　網址:http://www.dgbas.gov.tw/ct.asp?xItem=3374&CtNode=1690
　　　　　(檢閱日期:2006 年 6 月 3 日)

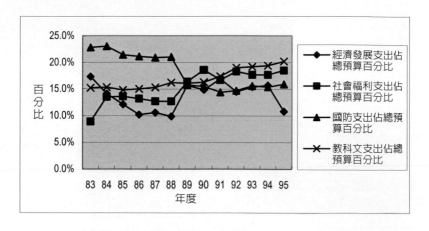

圖 2-2　中央政府國防、教科文、經發、社福支出佔總預算百分比

註：八十九年度預算是由八十八年度下半年與八十九年度預算總表還原而來
圖表來源：作者自繪
資料來源：行政院主計處歷年歲出政事別預算總表，
　　　　　網址：http://www.dgbas.gov.tw/ct.asp?xItem=3374&CtNode=1690
　　　　　（檢閱日期：2006 年 6 月 3 日）

　　而另一個值得注意的時間點是民國八十九年度，此年度的總預算案因預算法新修正後，為了因應會計年度調整而與八十八年度下半合併編列的一年半預算；也是配合台灣省政府功能業務與組織調整，首次彙編包含原省府大部分支出的中央政府總預算案。圖 2-1 與圖 2-2 所採用的八十九年度總預算數，是經過計算還原而來。從主計處公佈之八十八年下半年及八十九年度歲出機關別預算表的細目分析，可以看出八十九年度的預算總額驟增，其中主要增加支出項目有修正增加的老年農夫與漁民津貼、彌補公保與農保虧損、中低收入生活補貼、與新增賠償戒嚴時期不當判決案件等。

　　至民國九十年新政府上任後，總額 2984 億的社會福利預算創下新高，佔總預算的 18.6%，該年度社會福利預算比例在各項政事別中高居首位，支出比前年度上升約 21.3%。至於經濟發展支出則比前年度只小幅成長約 1.5%，而其佔總預算的比例則下降至 14.9%。如此的預算在推出之際曾引起各界對新政府重福利輕經濟的討論，認為「主政者把有限的資源投入比較不急切的部門，而影響了主要部門的正常運作」（聯合報，2000.7.19，第 2 版），也因此迫使陳總統在民國八十九年九月份例行記者會中強調，「經濟發展是第一要務，社會福利可暫緩」（鍾年晃，2000），期能緩和各界對政府輕忽經濟發展的猜測。事實上，從此總預算案的細目中不難看出，九十年度社會福利預算比例雖在各項政事別中高居首位，但其中有 21% 是用於彌補各項保險補助虧損的經費，例如補編前台灣省政府應負擔八十八年度健保及勞保不足數，以及補助農漁民參加農漁民健康保險虧損經費，由於這些項目多是承接省府業務，因此，若以社福預算的提升來推論國民社福品質的提升，或甚至政府重視社會福利而排擠經濟發展，似乎過早斷言。

　　九十一年度經濟發展支出（2702 億，佔總預算 16.9%）與社會福利支出（2669 億，佔總預算 16.7%）似乎停止了消長，但觀察細目之後，發現經濟發展支出中新編列了 417 億元填補國安基金虧損支出，若將此項支出排除，則經發支出佔總預算的比例將降至 14.2%，落居第四，不及社福、國防及教科文支出。至於社會福利支出，自九十一年度開始，列在內政部「社會福利服務業務」項目之下的老人津貼正式上路，九十一年度編列 160 億預算，也因而排

擠了其他福利業務的預算。與九十年度相較，福利服務業務減列了
8.1 億，既有的老人安養和青少年、婦女、殘障等社會福利預算受
到排擠，老人社區照顧及居家安養預算減列了 1.3 億，僅剩 12 億
元預算。例如中低收入老人就養、重病住院、推動老人福利社區化、
志願服務制度等，往年預算已嫌不足，但又少編了 6700 多萬元。

　　九十二年度的社會福利預算是 2876 億，佔歲出總額的 18.3%，
僅次於教育科學文化支出。其中，老人津貼編列了 189 億，而身心
障礙者社福預算大幅度減少 5.5 億，兒童、少年、青年、婦女則減
少 6.4 億。至於經濟發展預算支出則從九十一年的 2702 億（若扣
掉 417 億的填補國安基金虧損支出，則是 2285 億）下降至 2282
億，佔歲出總額的 14.5%。從九十二年度整體預算來看，包含社會
福利支出等的經常門支出，從上年度的 11754 億，上升至 12493 億，
漲幅 6.3%，而對帶動經濟成長最有幫助的資本支出，從上年度的
3432 億，跌至 3230 億，減少了 5.9%，是八十八年度以來，首度出
現的衰退現象。因此有立委質疑，社會福利支出的增加，似乎已經
排擠了經濟發展支出（邱垂貞，2002）。

　　九十三年之後經濟發展與社會福利支出的變動不大，但是今年
（九十五年度）的經濟發展支出有明顯的下降，從九十四年度的
2573 億（佔總歲出預算的 15.7%）下降至九十五年度的 2043 億（佔
總歲出預算的 10.8%），而同時期的社會福利預算，則從 2891 億
（佔總歲出預算的 17.7%）上升至 2965 億（佔總歲出預算的
18.5%）。究查經濟發展支出的細目，雖然預算項目間有增有減，但
是其歲出預算的大幅下降，主要是來自於農業支出減少 384 億，以

及交通支出減少將近 90 億。前者主要是因為農委會管轄的非營業特種基金（農業特別收入基金）減少 256 億的預算，以及農業金融局減少 96 億的農業金融業務預算，至於後者主要是營業基金預算（台鐵）減少 38 億，以及非營業特種基金預算（交通作業基金）減少 60 億。

從近年來中央政府總預算案中，社會福利與經濟發展預算的消長來看，很容易導致大眾誤以為社會福利支出排擠經濟發展支出。的確，在政府資源有限的情況下，社會福利支出若遽增，將不免排擠其他支出，然而，正如 Wagner 法則所言，當國民所得達到一定的水準，人民對於生活的品質逐漸重視，相對的對政府公共服務的要求也將增加。再者，資訊流通的快速，擴展了民眾的視野，自然會使民眾輕易就能了解其他已發展國家或發展中國家的人民生活水準與福利水準，這些都將促使人民對政府公共服務需求量的增加。然而，中央政府不斷以債養債，造成民眾的財政幻覺，使民眾對公共服務產生過度的需求，而政治菁英在選票的考量之下，把福利政策當作選舉萬靈丹而同時把增稅視為票房毒藥，如此更加重了政府的財政負擔。其次，從社會福利與經濟發展支出的細目分析，則不難看出成長中的社會福利預算，並不能代表社會福利品質的提升，換言之，在社會福利背負排擠經濟發展罪名的同時，卻沒有帶給台灣人民更好的福利品質。

第四節　地方政府社會福利與經濟發展支出的分析

壹、地方財政理論與實例

Musgrave and Musgrave （1989: 6-14）認為政府的財政政策主要有三項功能，分別是資源配置的功能（allocation function），所得分配的功能（distribution function），以及穩定經濟的功能（stabilization function），而其中有關所得分配與穩定經濟的政策，因關係到國家全體人民的福祉，因此不宜將責任放在地方政府身上，更何況以地方政府的規模與層級而言，也無能力有效制定與執行普及全國的政策。所以，地方政府應以資源配置為主要執掌。另外，若從公共財貨的性質來看，凡屬國家集體消費的全國性公共財貨，例如國防，應由中央政府統籌辦理。除此之外，施政上需要上下一致行動的政策，例如穩定經濟以及所得重分配政策，也應該由中央政府負責。至於地方政府，由於與民眾的接觸較為頻繁，應該專注於具有地域性特色或是外溢效果較不顯著的服務提供，例如需要透過「資產調查」（mean test）而提供的社會救助（徐育珠，2002：427-430；DiNitto 2000）。

根據 Tiebout（1956）的論點，民眾會依照自己對於地方公共財以及稅率的偏好而選擇居住地，這就是所謂的「用腳投票」（Voting with your feet）。例如，喜歡藝術或圖書館的居民，會移居至重視藝術的地方政府所在地，長久以往，有相同偏好的人將會群

居在同一個地方。然而，Tiebout 的用腳投票觀點，必須基於下列幾個假設（Cullis and Jones 1992: 301-303）：（1）個人對於各地方的特色有充分的了解；（2）居民的搬遷沒有成本；（3）不考慮因個人的搬遷所導致的外部性；（4）地方的外溢效果可以內化；（5）當個人的偏好隨著生命週期而改變時，可以隨時搬遷。

　　台灣是個地小人稠的國家，在城市之間的搬遷成本並不高，所以，地方政府在社會福利政策的設計上，特別是在救助給付的水準上，必須避免太過慷慨，若津貼給付水準高於鄰近城市，難免會吸引福利移民而成為「福利吸鐵」（welfare magnet）。事實上，台北市便曾出現過疑似「福利吸鐵」的情況。由於目前只有台北市發放身心障礙者津貼，使得外縣市身心障礙者紛紛將戶籍遷入台北市，使北市的身心障礙者人數呈現不正常的增加，以民國九十年底至民國九十一年底為例，北市人口成長 8054 人，但是身心障礙人口卻成長 8149 人，過去的十年中，身心障礙人數佔台北市總人口數從民國八十五年的 2.22%上升至民國九十四年的 4.15%（台北市政府，2006），台北市社會局長便曾向媒體表示，社會局會針對這種身心障礙者人數的不正常增加現象展開調查，如查無居住事實將依法追討（中國時報，2001.8.10）。

　　以美國州政府為例，各州福利救助水準因可由各州依照其生活水準予以調整，因此，各州的救助金水準會有所不同。當州政府面臨財政壓力時，福利救助金便容易遭到刪減的命運。而由於各州救助金水準的差異，導致低收入戶在州與州之間的移民潮。救助金水準較高的州，往往容易成為「福利吸鐵」，吸引低收入戶遷往該州

（Blank 1985; Gramlich and Laren 1984; Peterson 1995; Southwick 1991）。為了阻止類似的移民潮，各州會儘量不使本州的救助金水準高於鄰近各州，或甚至儘量提高本州的申請門檻，形成各州政府集體「往下競爭」（race to the bottom）的態勢。

貳、設算制度對地方社會福利支出的影響

除了避免成為福利吸鐵以外，另一個會影響地方政府提供社會福利的動機，就是中央政府對地方政府社會福利經費補助的制度設計。自九十年度起，中央政府為了落實地方自治，重新調整了統籌分配稅款和中央補助款的比例，在地方政府社會福利的預算經費上，從過去必須向中央逐項申請經費補助，改採公式計算後統籌核付，讓地方政府統籌運用，也就是所謂的社會福利設算經費。雖然權力下放地方的做法，可以使地方政府在社會福利服務的輸送上，增加自由裁量的彈性空間，但是，由於地方政府長期以來已習於依賴中央給予指定項目補助，因此，此設算制度反而使部分地方政府失去經營社會福利服務的動機，使地方政府自籌經費推展社福的動機降低。以身心障礙三項補助（生活補助、托育養護補助、與輔助器具補助）為例，在設算制度之前，中央政府係依據各縣市的財力及資源狀況，將補助劃分為三級，分別提供 50%、65%以及 78%的預算補助，其餘比例則由地方政府自籌。在舊制之下，地方政府對於已經確定的預算以及中央的補助比例，沒有太多修改的空間。然而，在新制實施以後，中央政府改依公式設算直撥補助各縣市政

府，設算的款項範圍，包括各縣市政府所應負擔的全民健保、農保保費補助，以及中低收入戶老人生活津貼等所需經費。核算的額度，也會考量地方政府的財政能力以及社會福利支領人次或人數（行政院主計處，2000）。換言之，新制將所有給地方政府的社會福利補助款一次提撥，地方政府不用再擔心中央政府之相對比例補助的問題，因此，自新制實施以來，有至少十個縣市在該年度編列的自籌經費，都比以往在舊制之下還低，其中嘉義市的自籌比從 50%降低至 8.72%，算是下降最多的地方政府（王榮璋等，2002：142）。

　　相同的議題，早在一九九六年美國社會福利改革後就曾經引起廣泛的注意與討論。一九九六年的社會福利改革，徹底改變了聯邦政府與州政府之間的補助制度，從過去的相對補助（matching grant）改為總量補助（block grant），而新法改變了州政府分配社會福利資源的動機。在相對補助的時代，州政府每一元的社福支出，就會得到聯邦二到四元的相對補助，但在總量補助的制度之下，州政府每多一元的支出，就是州經費一元的減少，因此，在規劃社會福利系統時，州政府較容易持保守的態度。換言之，社會福利改革不僅帶給州政府更大的空間來設計當地的社會福利體系，新的補助制度也提供了州政府迥然不同於過去的省錢動機，因為州政府節省的社會福利經費將完全屬於州的經費（Fisher 1996; Moffitt 1992; Peterson 1995）。

　　顯然，在個人「用腳投票」的假設之下，地方政府已經為了避免成為福利吸鐵而降低了提供優質社會福利服務的動機，再加上中

央政府對地方政府社會福利經費補助制度的方式改採設算制度，更抑制了地方政府提高社會福利品質的動機。而地方政府本身的財政體質不良，經常面對財政壓力，因此，其吸引企業移民以發展地方經濟的企圖，應該會大於吸引低收入戶移民的企圖。在這樣的推論之下，預期地方政府的社會福利支出應會普遍低於經濟發展支出。

參、地方政府其他財政問題

公共選擇學派的觀點，乃基於個人自利與追求效用極大化的假設，認為政黨與政治人物在爭取最多選票的考量之下，隨時準備足以討好選民的公共政策，因此容易對選民做出過多的承諾。至於行政官僚，因為預算象徵著權力、地位、與資源，因此會設法擴大行政機關的預算，掩蓋國家經濟與財政的真實情況，以債養債，利用赤字預算來支付政府的支出（Niskanen 1973; Tullock 1965）。有學者認為，這樣的觀點應用於地方政府，也不例外。地方政府在規模上日趨龐大，由於代議民主與科層體制的缺陷，使地方政府容易浪費、無效率、並且過度的支出（官有垣、王湧泉，2000：199）。然而，若將地方政府的財政狀況考慮進來，則會發現上述的推論似乎過於草率。例如，地方政府若自主財源充足，財政彈性大，發行公債的債信高，那麼，地方行政官僚便較有擴大行政機關預算的空間，而地方上的政黨與政治菁英在提供過度承諾時也較不受限制。但若地方政府的財政問題已經相當嚴重，彈性不足，債信低而舉債空間小，那麼行政官僚即使有擴大行政機關預算的動機，但受限於

地方財政的困境，擴大預算的程度將受到限制。同時，地方政黨與政治人物若欲對選民過度承諾，在當選後也將因地方財政困窘而無法兌現競選支票。

　　台灣的地方政府在中央集權的財政收支劃分法之下，缺乏財政自主權，財源的籌措大都仰賴中央。尤其自民國八十七年十二月二十日起，依據憲法增修條文第九條之規定，調整台灣省政府的組織、功能與業務後，各級政府財源與稅制做了重新的調整與分配，而民國八十八年一月二十五日公佈了「地方制度法」以及新修正之「財政收支劃分法」後，似乎更加深了地方政府對中央政府「集權又集錢」的疑慮與反彈。在這種單一制的財政收支劃分制度之下，地方政府對中央政府的財務依賴日漸加深。從收入面來看，課稅收入是地方財政的主要收入之一，然而，課稅收入受到先天條件的限制，地方稅目多為彈性小而稅基不大的項目，再加上中央對各種稅的名目、稅率或免稅範圍常有規定，因此課稅收入相當有限，造成地方的收入普遍不足（陳立剛，1996：162），凡所興革及財源籌措均需仰承中央。而中央對地方的補助，明目雖多，其性質不出兩種，一種為平衡補助，係供應地方基本施政需要之不足財源，另一種為特別補助，乃為了因應地方特別需要而補助。前者因補助辦法皆有法可循，較無彈性，因此地方政府積極爭取的重點就放在特別補助上，長久以往，地方政府並不擅長市政管理與財政營運，反而以競逐上級補助為能事（王坤一，1991：11），不僅中央政府對地方的補助壓力逐年增加，至於地方政府在財政壓力之下，能夠維持往年的施政水準已大不易，遑論有任何創新性的政策出現。

　　地方財政資源不但患寡，也患不均，這從各地方政府的自有財源比例可窺知一二。依照中央統籌分配稅款分配辦法第四條的定義，自有財源指的是歲入決算數扣除中央統籌分配稅款及補助收入之數額。表 2-1 列出從民國八十七年至九十三年度各直轄市及縣市自有財源佔歲出的比例，從中可以看出各縣市自有財源的差異性。歷年來北、高兩市的自有財源比例明顯優於其他縣市，除此之外，以九十三年的資料來看，該比例從最高的 77.41%（台中市）到最低的 25.87%（澎湖縣），差距相當大，甚至於在民國九十年還曾出現過南投縣的 16.38%。若以五個精省前的省轄市來看，自有財源比例大致都能維持在 50%以上，唯基隆市自民國九十一年起該比例已連續降至 50%以下。綜觀台灣各地方政府的財政情況，北、高兩市的自有財源一直都遠優於其他縣市，財劃法修正後，北市的自有財源比率稍稍降低，而高雄市與其他縣市的自有財源比例則稍微升高，但是，一般而言，北、高兩市在自有財源方面的確優於其他大部分縣市。而從地方政府公債的債信來看，雖然依現行公共債務法規定，直轄市及縣市政府除了向銀行借款融通以外，也可以發行公債來平衡預算赤字，對於北、高兩市而言，由於債信較高，所以舉債沒有問題，但縣市政府的債信遠不如中央政府與直轄市政府，再加上並無公債條例可依據，因此至目前為止沒有發行公債（趙揚清，2002），而在舉債受限之下，縣市政府機關在預算的擴大上將受到較多的限制，而政治人物對選民大開福利支票之前的考慮也相對較多。

表 2-1　直轄市與各縣市自有財源佔歲出比例

	87	88	89	90	91	92	93
臺北縣	73.49	75.42	63.68	52.23	54.76	52.59	58.29
宜蘭縣	50.88	54.1	50.6	39.51	42.61	45.85	37.52
桃園縣	71.23	73.17	70.41	50.27	54.56	61.29	64.11
新竹縣	57.22	51.06	53.8	36.43	43.86	43.01	44.76
苗栗縣	40.06	43.32	49.68	36.9	38.29	37.24	43.53
臺中縣	54.39	52.66	50.96	32.89	47.14	52.51	51.14
彰化縣	54.48	49.96	57.79	40.59	54.34	48.63	51.77
南投縣	39.36	47.37	35.79	16.38	47.58	34.75	36.78
雲林縣	51.52	46	53.22	51.24	41.35	41.86	39.56
嘉義縣	34.17	45.99	65.71	38.69	41.26	36.32	35.34
臺南縣	53.21	57.42	48.95	50.31	44.94	41.73	43.79
高雄縣	57.59	54.91	55.85	47.47	52.85	52.67	53.11
屏東縣	40.03	43.63	58.79	42.6	42.67	43.37	43.34
臺東縣	47.95	54.17	55.17	40.32	34.93	37.03	34.29
花蓮縣	48.79	48.79	67.82	42.07	40.5	36.25	37.85
澎湖縣	35.8	43.67	45.38	34.09	29.93	28.93	25.87
基隆市	75.52	74.2	63.64	51	47.88	46.47	45.85
新竹市	90.39	75	66.26	55.47	50.4	61.97	63.32
臺中市	66.45	76.57	69.61	68.67	75.34	73.12	77.41
嘉義市	69.01	63.68	55.79	50.95	52.96	58.29	59.6
臺南市	74.38	63.24	57.78	55.36	60.18	61.1	67.75
台北市	98.69	--	90.01	83.55	83.78	89.26	107.84
高雄市	86.88	96.06	78.21	71.94	67.17	69.53	65.57

資料來源：行政院主計處中華民國統計資訊網
　　　　　網址：http://61.60.106.82/pxweb/Dialog/statfile9.asp
　　　　　（檢閱日期：2006 年 6 月 9 日）

肆、地方政府社會福利支出與經濟發展支出的變遷

圖 2-3 與圖 2-4 分別表示北、高兩市從民國八十三年至九十五年的經濟發展與社會福利預算佔總預算百分比的消長情形。北、高兩市由於自有財源相對於其他縣市較為充裕,且在地方財政上的彈性較大,所以,從圖中可以看出,當北、高兩市政府面對地方景氣衰退時,在預算上比較有彈性的因應。從圖中顯示,自全民健保全面實施以後,民國八十五年北、高兩市同時出現社會福利預算佔總預算的百分比高於地方經濟發展預算的比例,這種情況在民國八十九年以後有了明顯的變化,由於台灣整體經濟進入衰退的危機中,北、高兩市的失業率開始攀升,自此,地方經濟發展與地方社會福利的預算開始出現消長,經濟發展佔總預算的比重再一次高於社會福利預算的比例,尤以失業率高於台北市甚多的高雄市最為明顯。

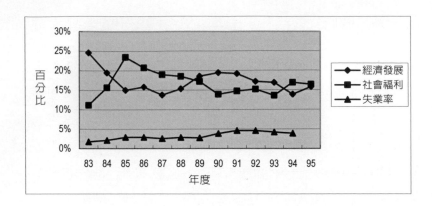

圖 2-3　台北市經發與社福預算佔總預算百分比

圖表來源：作者自繪
資料來源：台北市政府，「台北市統計年報」，民國九十五年，表 68: 台北市
　　　　　地方政府總預算數——按政事別. Pp. 194-197. 表 38: 台北市年齡
　　　　　組別失業率 . 128-129
　　　　　http://www.dbas.taipei.gov.tw/NEWS_WEEKLY/abstract/06.htm
　　　　　（檢閱日期：2006 年 6 月 9 日）
　　　　　台北市政府主計處，「台北市地方總預算」
　　　　　http://www.dbas.taipei.gov.tw/internet/Tbudget.asp
　　　　　（檢閱日期：2006 年 6 月 9 日）

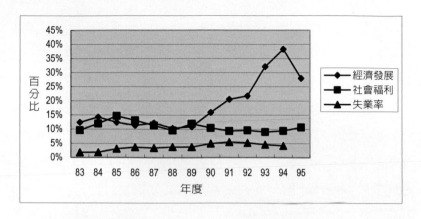

圖 2-4　高雄市經發與社福預算佔總預算百分比

圖表來源：作者自繪
資料來源：高雄市政府,「高雄市統計年報」,民國九十四年,表 9-2 高雄市
　　　　　地方歲出總預決算數－政事別,表 5-2 高雄市重要勞動力指標,
　　　　　網址：http://kcgdg.kcg.gov.tw/year94/index.html
　　　　　（檢閱日期：2006 年 6 月 9 日）
　　　　　高雄市政府主計處,高雄市地方總預算網址：
　　　　　http://www.kcg.gov.tw/~dbaskmg/budget/budget_1.php
　　　　　（檢閱日期：2006 年 6 月 9 日）

　　至於其他縣市社會福利與經濟發展預算消長情形,則與北、高
兩市有明顯的不同。圖 2-5、2-6、2-7、2-8、2-9 分別表示台中市、
台南市、新竹市、嘉義市、以及基隆市之經發與社福預算佔總預算
比例的趨勢。台中市在民國八十七年經濟發展支出佔歲出的比例創
新低,只有 7.09%,而社會福利預算佔歲出的比例也只有 5.23%,
同年的教育科學文化支出卻佔了有將近 40%,事實上,台中市教科
文支出歷年來一直都佔歲出的最大比例,並且年年上升,在九十一
年度甚至高達 51.7%,而反觀社會福利預算比例,則一直都低於

9%，而且從未有凌駕於經濟發展預算比例的情形，因此，若說社會福利支出排擠了經濟發展支出，至少從台中市的歷年總預算上，還看不出這樣的排擠作用。

台南市在民國八十八年經濟發展預算比例降至 9.9%，社會福利預算比例也只有 7.8%，而同年的教育科學文化支出與警政支出比例則分別達 39.7%與 14.3%，並且至今維持類似的規模，沒有劇烈的變動。社會福利預算比例除了在民國八十四年與八十五年超過10%以外，近十年來只有平均 6.2%的規模。新竹市的教科文預算也一直都佔總預算相當大的比例，當經濟發展支出的比例從27.05%（民國八十六年）降至13.99%（民國八十七年），而社會福利預算的百分比從 7.61%些微上升至 8.8%，教科文預算卻從 37.8%的比例遽升至 44.8%。民國八十九年以後，經濟發展支出比重明顯上升，至九十三年的 26.33%之後，兩年之間減少至九十五年的10.65%，即使如此，從經濟發展方面釋出的財務能量似乎也沒有挹注至社會福利領域，因為社會福利支出的比例近年來一直維持在9%與 11%之間。嘉義市從民國八十年代開始，社福支出佔總歲出之比例曾分別在民國八十一年與八十三年超越過經發支出的比例，自八十四年之後，社福支出的比例便一直在 5%與 10%之間擺盪，平均為 7.5%，而經發支出的平均比例則在 16.4%。基隆市是五個省轄市中情況最不同的，其社福支出比例從民國八十三年開始從未低於 10%，而且與經發支出比例的差距沒有其他四個省轄市大，甚至曾經在民國八十八年至九十年連續三年社福支出比例高於經發支出比例。

從五個城市經濟發展與社會福利支出比例從民國八十三年至今的發展，可以觀察出下列幾點：

1. 在經濟發展支出比例上，除了嘉義市的上升與基隆市的持平以外，其他三個城市的經發支出比例是呈現大幅下跌的趨勢。然而不論過去數年的變動如何，五個城市的經濟發展支出比例有趨同的趨勢，也就是在 15%至 20%之間變動，甚至在民國九十五年除了新竹市以外，其他四個城市的經發支出比例都維持在 15%至 18%之間。

2. 在社會福利支出比例上，除了基隆市偏高以外，其他四個城市都維持在 5%至 12%的範圍之內，沒有巨幅的變動，其中台中市與台南市的社福支出比例最低，平均只有 6.1%與 6.2%。

3. 五個城市中，除了基隆市以外，經發支出的變動幅度都大於社福支出的變動幅度。從圖 2-5、2-6、2-7、2-8 就可以輕易觀察出，經發支出變動起伏相當大，而社福支出則大致維持平穩，沒有劇烈的起伏震盪出現。

4. 五個城市的共同特色，就是經發支出比例都高於社福支出比例，不似北、高兩市有明顯的消長情況出現，其中新竹市的差異最大，從民國八十三年至今平均經發支出比例為 19.6%，而社福支出比例則為 9.18%，差距最小的是基隆市，平均經發支出比例與社福支出比例分別是 16.2%與 13.12%。

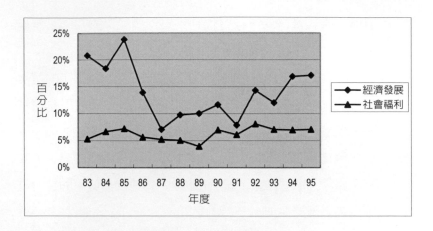

圖 2-5　台中市經發與社福預算佔總預算百分比

圖表來源：作者自繪
資料來源：台中市政府主計室，統計要覽網址：
　　　　　http://accounting.tccg.gov.tw/statistics-1.asp
　　　　　（檢閱日期：2006 年 6 月 10 日）
　　　　　台中市政府總預算網址：http://accounting.tccg.gov.tw/budget.asp
　　　　　（檢閱日期：2006 年 6 月 10 日）

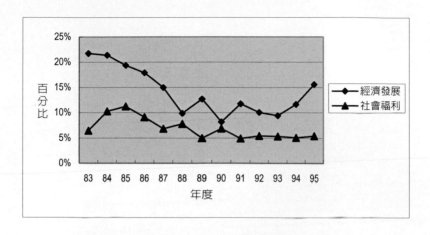

圖 2-6　台南市經發與社福預算佔總預算百分比

圖表來源：作者自繪
資料來源：台南市政府主計室，統計要覽網址：
　　　　　http://www.tncg.gov.tw/20.asp?sub1=%A4U%B8%FC%B0%CF&sub
　　　　　2=%B2%CE%ADp%ADn%C4%FD&page=1
　　　　　（檢閱日期：2006 年 6 月 10 日）
　　　　　台南市政府主計室，地方總預算網址：
　　　　　http://www.tncg.gov.tw/01.asp?sub1=市府組織&sub2=主計室
　　　　　&SUB3=歲計課&page=2
　　　　　（檢閱日期：2006 年 6 月 10 日）

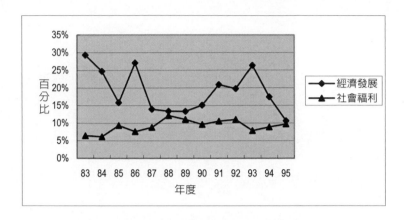

圖 2-7 新竹市經發與社福預算佔總預算百分比

圖表來源：作者自繪
資料來源：新竹市政府，統計要覽網址：
　　　　　http://dep-auditing.hccg.gov.tw/web66/file/2197/upload/download/225
　　　　　1717.pdf
　　　　　（檢閱日期：2006 年 6 月 9 日）
　　　　　新竹市政府主計室，新竹市地方總預算，網址：
　　　　　http://dep-auditing.hccg.gov.tw/web66/file/2197/cache/web/SELFPAG
　　　　　E/22499/null39148null_zh_TW.html
　　　　　（檢閱日期：2006 年 6 月 9 日）

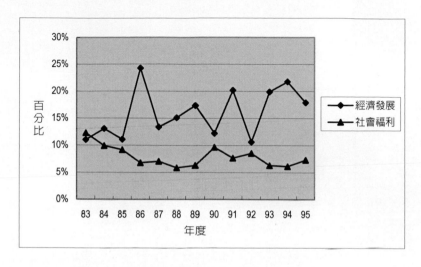

圖 2-8　嘉義市經發與社福預算佔總預算百分比

圖表來源：作者自繪
資料來源：嘉義市政府主計室，統計要覽網址：
　　　　　http://www.chiayi.gov.tw/2004newweb/web/account/class04z04.htm
　　　　　（檢閱日期：2006 年 6 月 9 日）
　　　　　嘉義市政府主計室，地方總預算網址：
　　　　　http://www.chiayi.gov.tw/2004newweb/web/account/main.asp
　　　　　（檢閱日期：2006 年 6 月 9 日）

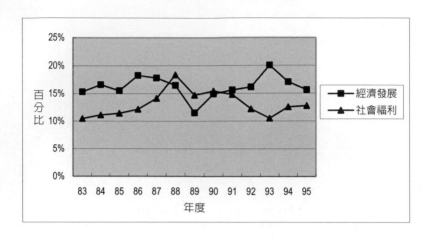

圖 2-9　基隆市經發與社福預算佔總預算百分比

圖表來源：作者自繪
資料來源：基隆市政府主計室網址：http://bas.klcg.gov.tw/
　　　　　（檢閱日期：2006 年 6 月 11 日）

第五節　結論

　　福利國家主要是指社會的保障體系遍及所有人口，使得受僱者因此可以運用國家保障的權利免於在勞動關係中被剝削。這種對國家所有人口「從搖籃到墳墓」的保障與照顧，以及社會安全網的建立，正是每一個福利國家的目標，而要成功達到此目標的其中一個條件，就是經濟和社會政策之間能達成正面的相互作用，瑞典與德國就是個很好的例子。

　　從預算案的分析，反省政府在社會福利與經濟發展預算資源的配置，在中央政府的層級，可以明顯看出社會福利與經濟發展預算的消長，自民國八十四年全民健保開始實施以後，社會福利支出便再也沒有低於經濟發展支出，即使是在民國八十九年經濟衰退後，新政府在社會福利支出上的擴張仍是有目共睹，但若仔細分析社會福利預算的細目，便會發現社會福利支出的擴張並非導因於社會福利制度的更臻完善，或是人民福利品質的提升，而是政治意味相當濃厚的老人福利津貼。而老人福利津貼的出現，也排擠了其他原本就貧乏的福利科目預算。再者，社會福利支出中，有不少是為了填補各種社會保險的虧損，顯然，社會福利支出的提升，與社會福利品質的提升似無太大關聯。

　　此外，從對兩個直轄市與五個省轄市預算的討論中，發現社會福利與經濟發展預算在北、高兩市出現消長的情形，但與中央不同的是，兩市在民國八十九年經濟景氣衰退後，經濟發展支出的比重便再一次凌駕社會福利支出，尤其是面臨高失業率的高雄市更是明顯。至於五個省轄市中，社會福利與經濟發展預算並沒有明顯的消長，經濟發展預算雖有劇烈變動，但是社會福利預算在過去十年之中則保持低比例且穩定的趨勢，若從 Tiebout 以腳投票論點來分析，不難理解地方政府在財政並不充裕的情況下，儘量避免成為「福利吸鐵」而同時較不排斥成為「企業吸鐵」的心態。再者，現行的設算制度，更抑制了地方政府提供優質社會福利的動機。至於北、高兩市，由於自有財源較為充足，並有發行公債的空間，地方財政

相對而言較具彈性，這從兩市的經濟發展預算隨著失業率的升高而增加，便可窺知一二。

事實上，現階段應該討論的重點，不應在社會福利的擴大是否會拖垮國家經濟上，而應該在政府社會福利支出的效率問題上。OECD 各國在經過了社會福利支出急遽增加的階段，近年來在福利政策上試圖控制支出的成長，也不斷透過社會福利方案的改變以及社會福利體系的重組，來改革社會福利制度，這些經驗顯示，財政的健全以及經濟適度的成長已成為社會福利先趨國家的共識（陳小紅，1996）。換言之，如何改善社會福利制度本身的運作，使其更有效率，減少虧損，並深切體認預防式的福利優於殘補式的福利，才是現今整個社會福利政策的重點。否則，一昧的以「社會福利支出」的名義，來補貼虧損，或甚至成就執政黨極大化政治資源的企圖，都會扭曲整體社會對「福利國家」的概念，以為福利國家必定會走上拖垮國家經濟之路。

福利國家的出發點在於個人自由與社會集體預防的同時提升，而福利國的概念不但肯定自由市場存在的價值，也相信政府基於福利而干預市場的正當性。一個朝向福利國邁進的政府，雖然會因為福利服務範圍的擴大而導致社會福利支出的增加，但同時自由市場的效率也應被重視。盧曼的社會系統功能分化理論裡，強調整體社會中的次級系統在不影響其自我運作的情況下，仍能維持彼此運作的和諧，台灣若繼續任由政治系統操縱整體社會系統的運作，不求與經濟、文化、社會等次級系統的和諧運作，結果絕非國家之福。

參考文獻

一、中文文獻

王榮璋等，2002，「中央改採社福經費設算制度對各縣市社會福利之影響：以身心障礙領域為例」，**社區發展季刊**，第 97 期，頁 139-155。

台北市政府，2006，台北市政府九十五年統計年報，網址：http://www.dbas.taipei.gov.tw/NEWS_WEEKLY/abstract/03.htm（檢閱日期：2006 年 6 月 29 日）。

行政院主計處，2000，「社會福利補助經費設算制度之檢討及實施後對整體社會福利的影響」，新聞稿（12 月 5 日）。

行政院主計處，2006a，**歷年中央政府總預算案**，網址：http://www.dgbas.gov.tw/ct.asp?xItem=3374&CtNode=1690（檢閱日期：2006 年 6 月 3 日）。

行政院主計處，2006b，**九十五年度中央政府總預算編製作業手冊**，網址：http://win.dgbas.gov.tw/dgbas01/95/95hb/menu.htm（檢閱日期：2006 年 6 月 3 日）。

汪坤一，1991，「論台灣地方財政問題」，**理論與政策**，第 5 卷，第 2 期，頁 7-13。

官有垣、王湧泉，2000，「我國地方政府社會福利角色的歷史變遷——以台灣省暨各縣市政府為例」，**公共行政學報**，第 4 期，頁 193-239。

林萬億編著，1995，**台灣的社會福利：民間觀點**，台灣台北：五南圖書出版公司。

邱垂貞，2002，立法委員於立法院第五屆第二會期第七次會議（2002/11/1）**質詢稿**。網址：http://210.69.7.199/qb/300000000s5234000013.htm（檢閱日期：2006 年 6 月 10 日）

施世駿譯（Kaufmann, Franz-Xaver 原著），2002，**德國福利國家的挑戰**，台灣台北：五南圖書出版股份有限公司。

徐仁輝，2002，**公共財務管理：公共預算與財務行政**（修訂三版），台灣台北：智勝文化事業有限公司。

徐育珠，2002，**財政學**，台灣台北：三民書局股份有限公司。

高宣揚，2002，**盧曼社會系統理論與現代性**，台灣台北：五南圖書出版有限公司

孫克難，1983，**台灣地區政府支出結構與成長研究**，中華經濟研究院經濟專論（34），台灣台北：中華經濟研究院。

孫克難，1997，「台灣地區政府支出成長之政經因素分析」，**財稅研究**，第29卷，第4期，頁1-20。

陳小紅，1996，「經濟發展與社會福利：OECD各國福利緊縮的啟示」，**社會建設**，第95期，頁61-88。

陳立剛，1996，「地方政府財政問題探討及因應之道」，**東吳政治學報**，第6期，頁153-174。

張李淑容，1996，「台灣地區公共支出水準成長之研究：華格納法則與貝克假說之實證檢定」，**台中商專學報**，第28期，頁333-370。

張則堯，1993，「華格納的社會政策與財政理論」，**保險專刊**，第32輯，頁187-200。

詹火生、古允文，1999。**社會福利政策**，台灣台北：桂冠出版社。

趙揚清，2002，「地方政府財政赤字問題」，**國政研究報告**，網址：http://www.npf.org.tw/publication/fm/091/fm-r-091-003.htm（檢閱日期：2006年6月10日）。

鍾年晃，2000，「陳總統：經濟發展首要，社福可暫緩」，**聯合報**（9.17）。

二、英文文獻

Abramovitz, Moses. 1981. Welfare Opportunities and Productivity Concerns. *American Economic Review* 71(March): 1-17.

Blank, Rebecca M. 1985. The Impact of State Economic Differentials on Household welfare and Labor Force Behavior. *Journal of Public Economics* 28(1): 25-58.

Chau, Ruby C. M. and Sam W.K. Yu. 1999. Social Welfare and Economic Development in China and Hong Kong. *Critical Social Policy* 19(1): 87-107.

Cullis, John and Philip Jones. 1992. *Public Finance and Public Choice: Analytical Perspectives*. London, UK: McGraw-Hill Book Company.

Danziger, Sheldon, Robert Haveman, and Robert Plotnick. 1981. How Income Transfers Affect Work, Savings and the Income Distribution. *Journal of Economic Literature* 19(September): 975-1028.

DiNitto, Diana M. 2000. *Social Welfare: Politics and Public Policy* (5th Ed). Needham Heights, MA: Allyn & Bacon.

Feldstein, Martin. 1974. Social Security, Induced Retirement, and Aggregate Capital Accumulation. *Journal of Political Economy* 82 (September-October): 905-26.

Fisher, C. Ronald. 1996. *State and Local Public Finance*. Chicago, IL: Irwin.

Gramlich, Edward M and Deborah S. Laren. 1984. Migration and Income Redistribution Responsibilities. *Journal of Human Resources* 19(4): 489-511.

Meltzer, Allan H. and Scott F. Richard. 1981. A Rational Theory of the Size of Government. *Journal of Political Economy* 89(5): 914-927.

---. 1983a. Tests of a Rational Theory of the Size of Government. *Public Choice* 41(3):　403-418.

---. 1983b. Further Tests of a Rational Theory of the Size of Government: Rejoinder. *Public Choice* 41(3): 423-426.

Moffitt, Robert A. 1992. Incentive Effects of the U.S. Welfare System: A Review. *Journal of Economic Literature* 30(1): 1-61.

Munnell, Alicia H. 1982. *The Economics of Private Pensions*. Washington. D.C.:Brookings Institution.

Musgrave, Richard A. & Peggy B. Musgrave. 1989. *Public Finance in Theory and Practice*(5th ed). New York, NY; Mcgraw Hill Co.

Niskanen, William A. 1973. *Bureaucracy: Servant or Master?* London: Institute of Economic Affairs.

Peacock, Allan T. and Jack Wiseman. 1961. *The Growth of Public Expenditure in the United Kingdom*. Princeton, N.J.:Princeton University Press.

Peterson, Paul E. 1995. *The Price of Federalism*. Washington, D.C.: Brookings Institution.

Rosen, Harvey S. 1995. *Public Finance*.(4th ed). Chicago, IL: Irwin.

Southwick, Lawrence, Jr. 1991. Public Welfare Programs and Recipient Migration. *Southern Economic Journal* 40(October): 22-32.

Straussman, Jeffrey D. 1988. Rights-Based Budgeting. In *New Directions in Budget History*, edited by Irene S. Rubin, 100-123. Albany, NY: State University of New York at Albany.

Tiebout, Charles M. 1956. A Pure Theory of Local Expenditures. *Journal of Political Economy* 64(5): 416-24.

Tullock, Gordon 1965. *The Politics of Bureaucracy*. Washington, DC: Public Affairs Press.

Wagner, Richard E. 1976. Revenue Structure, Fiscal Illusion and Budgetary Choice. *Public Choice* 25(1): 45-61.

---. and Warren E. Weber. 1977. Wagner's Law, Fiscal Institutions, and the Growth of Government. *National Tax Journal* 30(1): 59-68.

第三章
我國社會福利政策執行與政策議題
倡導網絡之分析

　　隨著社會福利朝向多元發展，政府從福利服務的唯一提供者，轉變為福利服務品質的監督者，過去由政府單一規劃與執行社會福利政策的情況，已逐漸轉變為政府與非營利組織共同合作的模式。近年來，非營利組織在政策的議題倡導、規劃、合法化、以及執行上的重要性逐漸突顯，與政府之間的互動關係日益複雜，或競爭，或互賴，或合作，或衝突，此外，再加上政策過程中不同行動者的參與，一個動態的社會福利政策網絡於焉形成。

　　在社會福利政策網絡中，參與成員包括政府、非營利組織、接受社會福利服務的案主、非營利組織的社會捐助者、大眾傳播媒體、以及立法機關等等。網絡成員各自擁有獨特的資源，而唯有透過資源互換，網絡才得以運作，參與者及網絡的目標才有可能達成。雖然，社福政策網絡的形成，政府與非營利組織可說是最主要的組成份子，而且二者之間類似「互相競爭的夥伴」般複雜的互動關係，更是政策網絡運作的關鍵，但是，若沒有其他網絡成員的參與互動，單靠二者將很難達成目標。簡言之，沒有任何一個網絡成員能夠獨立完成目標，而政策網絡成員之間的互動過程、互動模

式、整合的程度、共識的達成等等,都會影響到網絡的運作。再者,由於政策網絡的動態性,成員的本質可能隨著互動的過程而產生改變,甚至進一步影響互動模式以及網絡運作,因此,深入了解網絡成員的互動過程以及資源的互換,將有助於了解社會福利政策的過程。

本研究採用次級資料分析法,從政策網絡的觀點來分析包括政府與非營利組織在內的網絡關係。本研究將社會福利政策網絡大致分為兩類,一類為政策執行的網絡,另一類為政策議題倡導的網絡。前者指涉政府與非營利組織共同合作輸送社會福利服務的網絡,分析焦點以公設民營為主,後者則指涉非營利組織在型塑社會正義價值或是推動公益立法的網絡,分析焦點則以民間社福性基金會推動立法的過程為主,例如勵馨基金會推動「兒童及少年性交易防制條例」以及婦女新知基金會推動「兩性工作平等法」立法的過程。

本研究藉由對政策執行與倡導兩種網絡的分析,期能回答下列數項問題:政府與非營利組織在政策網絡中所擁有的資源為何?以何種方式進行互動與資源的交換?二者如何整合?如何達成共識?甚至在外力介入時,彼此採用何種策略互相協調?網絡中其他的參與者為何?如何透過資源互換達到網絡目標?本文相信,針對這些問題的深入透析,能夠為政策網絡成員的共同治理尋找未來的發展方向。

本文首先將討論網絡中最重要的兩大參與者-政府與非營利組織-之間的關係,接著介紹政策網絡理論,從政策網絡的觀點,

分析社會福利政策領域中的政策執行網絡與政策議題倡導網絡,除了討論網絡成員所擁有的資源、成員整合程度、互動過程、以及網絡的界限以外,最後,將探討網絡成員共同治理的可能方向。

第一節　政府與非營利組織之關係

　　非營利組織本身兼具有市場的彈性和效率,以及政府公部門的公平性和可預測性等多重優點,同時,又可以避免追求最大利潤與科層組織僵化的內在缺失(江明修、陳定銘,2000:156)。非營利組織也可能以下列的名詞呈現,例如慈善部門(the charitable sector)、志願性部門(the voluntary sector)、獨立部門(the independent sector)、免稅部門(the tax-exempt sector)、或社會部門(the social sector),各個名詞都有其強調的重點(張英陣,1995:146-147;江明修,1999:147)。在此,本研究將這些名詞皆視為相同的意義。

　　非營利組織可以分為公益類組織(public benefit))與互益類(mutual benefit)組織,前者以提供公共服務為主,包括慈善事業、教育文化機構、科技研究組織、私立基金會、社會福利機構、宗教團體、以及政治團體。而後者則以提供會員間互益目的為主的非營利組織,包括社交俱樂部、消費合作社、互助會、工會、商會、以及職業團體等等(許世雨,1999: 157-158)。依照上述的分類,本研究所指涉的社福性非營利組織,應以具有福利服務遞送性質或是

社福政策議題倡導性質的公益類組織為主，這包括慈善事業（宗教性或非宗教性）、社會福利機構、以及具有社會福利性質的基金會。我國的非營利組織，大都以基金會的型態運作，根據喜馬拉雅研究發展基金會登錄的 1595 家基金會中，屬於社會福利慈善基金會有302 家，佔 18.9%，次於文化教育基金會的 69.4%（江明修、陳定銘，1999: 234），若以台灣 300 家主要的基金會類型來看，社福慈善類在二○○一年則有 73 家，佔 24.3%（喜馬拉雅研究發展基金會，2002：8）。

政府與非營利組織之間的關係日趨複雜，許多學者們試圖以不同的角度來分析它（柯三吉、萬育維，1994；張英陣，1995；1998；Salamon 1987; Anheir and Seibel 1990; Lipsky and Smith 1990; Gidron, Kramer, and Salamon 1992）。在實務方面，有以公設民營為焦點，研究受委託機構與政府之間的互動（馮燕、張英陣、潘中道，1998；劉淑瓊，1998）。傳統上認為政府與非營利組織之間的關係，係屬單一部門主導，若非政府主導，就是非營利組織主導，在這種「主導典範」（dominant paradigm）之下，政府與非營利組織間的關係乃屬競爭關係，是接近經濟學所稱的「零和賽局（zero-sum game）」（Gidron, Kramer and Salamon 1992: 5）。然而，「主導典範」似乎無法解釋為什麼在過去五十年來，福利國家政府雖不斷擴大，但非營利組織卻還蓬勃存在的現象。顯然，「市場失靈」與「政府失靈」之說為非營利組織的存在找到理由，由於市場無法提供足夠的公共財，而且公共財「消費不互斥，供給不排他」的特性又會導致「搭便車」（free rider）問題的出現，再加上市場上供需雙方資

訊不對稱產生的種種問題，為政府的干預提供了正當性。然而，政
府的干預並非萬靈丹，在強調多數決的民主社會裡，當社會中少數
團體的特殊需求無法得到多數認同時，其需求往往容易被政府忽
略。為了使社會上弱勢族群的需求能夠被正確地呈現，非營利部門
於是出現（Weisbrod 1977）。這個論述的盲點，在於非營利組織的
角色係屬補充性質，只限於提供政府沒有能力處理的社會福利服
務，而其與政府之間不可能出現合作的關係，來共同處理福利相關
的業務。這樣的推論，無法解釋為何會出現公私部門共同合作輸送
福利服務的現象，例如公設民營或是方案委託，唯一可以解釋的
是，政府與非營利組織之間的關係，是一種夥伴關係（Partnership）
（Aquina 1992; Kouwenhoven 1993; Kramer 1981; Salamon 1987），
二者已經漸漸從相互競爭轉向相互合作，這種合作並非只是互補的
關係，而是一種資源互相交換之下所漸漸形成的網絡合作關係。

　　有學者試圖將政府與非營利組織之間的關係做分類，而從其分
類當中，便可窺知上述夥伴關係的性質。Gidron, Kramer and
Salamon（1992: 16-20）從資金的提供暨授權，以及福利服務的實
際輸送兩個面向，將政府與非營利組織的關係分為四種模式，分別
是資金與服務都由政府提供的「政府主導模式」（government-dominant
model）、資金與服務都由非營利組織提供的「非營利組織主導模式」
（third-sector-dominant model）、資金與服務由政府與非營利組織共
同提供的「雙元模式」（dual model）、以及資金由政府提供而服務
由非營利組織提供的「合作模式」（collaborative model）。顯然，上
述的夥伴關係，偏向於「雙元模式」與「合作模式」。另外，夥伴

關係也出現在 Najam（2000）的分類中。Najam 認為政府與非營利
組織之間的互動模式，可以從兩個面向來觀察，分別是二者所要實
踐的目標以及二者所偏好的策略（preferred strategies）。這兩個面
向組合成四種政府與非營利組織的互動組合，分別是合作
（cooperation）（二者追求相似的目標，而採用的策略也相似）、互
補（complementarity）（二者追求相似的目標，但採用的策略不同）、
攏絡（co-optation）（二者的目標不同，但採用的策略相似）、衝突
（confrontation）（二者的目標不同，而採用的策略也不同）。從這
四種類別來看，夥伴關係應該是傾向於合作、互補、以及攏絡的互
動組合。另外，Young（1999; 2000）運用經濟學的分析觀點，將
非營利部門與政府部門的互動模式歸納為三種模式，分別是補充性
（非營利組織被視為是生產政府無法生產之公共財貨的部門）、互
補性（非營利組織透過政府的經費補助，協助政府進行公共財貨的
遞送）、抗衡性（非營利組織督促政府在公共政策上的變革），而抗
衡性便指涉了非營利組織在政策議題倡導上的功能。

　　誠然，在社政領域裡，政府與非營利組織之間已建構出一種相
互不可或缺的夥伴關係，非營利組織不再侷限於殘補的性質，只在
政府無能力觸及的領域裡發揮功能，相反的，非營利組織成了政府
推動福利服務委託外包的重要夥伴，肩負社會福利服務的提供，例
如臺北市政府以公設民營的方式委託天主教善牧基金會承辦「萬華
少年服務中心」，協助中輟、遭遇不幸、家庭低功能的青少年能積
極面對生活；或是委託中華民國腦性麻痺協會辦理發展遲緩兒童早
期療育個案管理服務工作，以協助遲緩兒家長取得專業性的幫助；

高雄市政府委託小港醫院開辦失能老人日間照顧，提供醫療、護理、復健、康樂、社交互動及照顧者諮商等服務；台中市政府社會局委託兒福聯盟（兒盟）辦理台中市向晴家庭福利服務中心，提供台中市單親家庭福利服務、諮商、遊戲治療等等支持性服務。由此可知，政府與非營利組織以契約委託的方式進行合作，遍及各個社福項目，以台北市社會局為例，其委託外包的案件數便佔了整個台北市政府委外案件的二分之一以上（台北市社會局，2004），就可以看出在社政領域中，政府與非營利組織之間合作關係的密切程度。除了成為福利服務的直接提供者之外，非營利組織在福利議題的倡導上，更扮演著積極領航的角色，努力推動社會福利相關的立法。例如，勵馨基金會為了提倡反雛妓社會運動，推動「兒童及少年性交易防制條例」的立法，該法於民國八十四年八月十一日完成立法；婦女新知基金會為了倡導兩性平權，推動「兩性工作平等法」的立法，而該法歷經十一年後終於在民國九十一年一月十六日完成立法；董氏基金會為了宣導菸害防制，致力於國內菸害防制工作規劃，推動「菸害防制法」的立法，而該法於民國八十六年三月十六日完成立法。這些非營利組織在社會議題上的宣導與推動，使得政府不得不正視相關的社會福利議題，也凸顯了非營利組織在現今社會福利政策網絡中，其不可或缺的重要性。

第二節　政策網絡的理論

壹、政策網絡概念的發展

政策網絡的概念被廣泛地應用在政治學、社會學、社會心理學、甚至人類學等的研究領域裡（Rhodes 1990），從分析人際關係互動的微觀層次（micro level），利益團體與政府之間互動關係的中觀層次（meso level），到國家機關與公民社會互動關係的宏觀層次（macro level），從不同層次行動者之間的互動可以發展出不同的網絡概念（丘昌泰，2000：225）。

「政策網絡」一詞起始於英國，但是相關的概念自一九五〇年代即出現於美洲大陸（Jordan 1990），並相繼在歐洲大陸與英國發展成型。美國在這方面的研究應可以追溯自 Freeman （1965:11）所提出的次級系統（sub-system）。次級系統是由政府的行政部門（executive bureau）、國會委員會（congressional committees）、以及利益團體（interest groups）所組成，這些次級系統中的參與者（或稱為行動者）彼此互動，在公共政策制定的過程中扮演著重要的角色，而 Freeman 相信大部分的公共政策決策制定都是在次級系統中完成的。Ripley and Franklin（1981）延續這個概念，認為大部分例行性的公共政策決策制定都是由次級政府（sub-governments）所決定，而所謂的次級政府，就是由參眾議會成員、國會幕僚人員、行政官僚、私人的利益團體代表所組合而成。Cater（1964）與McConnell（1966）甚至認為私人利益介入次級政府的程度會越來

越多，甚至可能在某些政策領域上具有主導的地位。不論是在次級系統或是在次級政府的論述中，所謂的利益團體並非泛指所有的利益團體，而是侷限在與政府有密切相關的利益團體。Lowi（1964）把政府與利益團體的關係做了更具體的呈現，認為行政部門、國會委員會、與利益團體形成了一個排他的三角關係，而且行政部門的自主性受到國會委員會與利益團體的控制，這也就是著名的「鐵三角」（iron triangle）理論。而面對「次級政府」概念的挑戰，多元主義者在一九七〇年代後期予以反擊，Heclo（1978）與後來的McFarland（1987）提出議題網絡（issue network）的概念，從一九七〇年代以來利益團體數量激增並且遊說動作不斷的現象，以及對美國行政體系自主性逐漸增加的觀察，反對鐵三角的封閉系統說，認為很多對特定政策議題有興趣的行動者之間，會透過不斷的溝通來建立一個開放性的溝通網絡，由此推論可見，議題網絡的概念並不強調民眾接近決策制定過程的任何限制，任何對特定議題有興趣的行動者都可以加入影響公共政策制定過程的行列。顯然，從多元主義者的角度來看，在議題網絡中每個行動者的權力會互相制衡，因此政策議題不會被單一的利益（例如經濟利益）所主導（Rhodes 1997: 34）。

在英國方面，Rhodes（1997: 35-36）認為 Richardson and Jordan（1979）受到 Heclo and Wildavsky（1974）在分析英國公共預算制定過程時，把英國的財政部類比為一個「村落社群」（village community）的影響很大。Richardson and Jordan（1979:74）認為公共政策的制定是在政策社群（policy community）內完成的，這

個社群的組成份子包含了國會委員會、行政機構、與利益團體。在
這個政策社群之中，有限數量的行動者彼此頻繁互動並且分享共同
的價值。換言之，政策的制定是在政府機關與壓力團體互相談判妥
協的網絡中完成。雖然 Richardson and Jordan 和多元主義者一樣，
也觀察到了社會上利益團體不斷激增的現象，但是他們認為，社會
上有各種不同的政策網絡，公共政策是在不同的政策網絡中制定完
成的，而每一個政策網絡，都是由政府與該政策相關的部門以及與
政府關係密切的利益團體所組合而成，這種說法與多元主義者的開
放系統說大相逕庭。至於 Rhodes（1981; 1988）則基於對英國中央
與地方政府之間關係的觀察，發現中央政府與地方政府之間的互動
關係並非多元競爭的，而是由地方政府整合為少數的代言人，與中
央政府進行談判與互動。他運用交易理論（Transaction Theory），
解釋國家機關與社會團體之間因互相需要而產生網絡關係，也就是
一種資源交換的關係。與 Richardson and Jordan 不同的是，Rhodes
將焦點放在政策網絡中政治組織之間的結構關係，分析的層次則是
放在部門（sector）之間的關係，而不談次級部門（sub-sector）的
問題。

貳、政策網絡的特性

　　從上述政策網絡概念的發展可以看出，政府再也不是政策過程
中單一的主導者，政策過程中還充斥著各種不同的行動者，而行動
者之間資源交換的互動關係便形成了網絡。由此，政策網絡可以歸

納出幾個特性（李允傑、丘昌泰，2003： 105-106；林玉華，2002：
39-40）：

1. 交互依賴的特性：網絡成員之間以資源交換為基礎而發展出
   交互依賴的關係。

2. 網絡中多元的行動者與目標：多元的參與者帶著各自的目標
   與利益加入網絡中，雖然網絡中的權力並非平均分配於每個
   網絡成員，但是卻沒有任何一個成員擁有絕對的支配權力，
   因為基於資源依賴的觀點，網絡成員需透過資源的互換才能
   達到其目標。

3. 成員之間的關係具有某種程度的持續性：無論網絡成員之間
   的互動關係是緊密頻繁，或是鬆散無次序，成員間的關係型
   態具有某種程度的持續性，即使是鬆散的議題網絡，也會持
   續至政策議題獲得解決或逐漸被淡忘為止。

參、政策網絡的類型

一、Rhodes 的分類

Rhodes 根據其對英國中央與地方政府之間關係的研究，基於
權力依賴理論（Power Dependence Theory）為政策網絡分類。權力
依賴理論有五個基本的命題，分別如下（Rhodes 1981: 98）：

1. 任何組織都必須依賴其他組織提供資源。

2. 組織間透過資源的交換方能達成其目標。

3. 雖然組織的決策制定受制於其他的組織，但是組織內部的
「主導聯盟」(dominant coalition) 仍握有相當的裁量權，可
以決定何種組織關係是有問題的、何種資源是組織需要的。

4.「主導聯盟」會運用策略來影響資源交換的過程。

5.「主導聯盟」裁量權的大小，源自於組織互動的目標以及相
對權力，而相對權力的大小，端賴組織資源、競賽規則、以
及資源交換過程而定。

Rhodes 根據參與成員整合的程度、參與成員的類型、以及成
員間資源的分配，將政策網絡從高度整合的「政策社群」到低度整
合的「議題網絡」分成五類，分別是政策社群 (policy community)、
專業網絡 (professional networks)、府際網絡 (intergovernmental
networks)、生產者網絡 (producer networks)、以及議題網絡 (issue
networks) (Rhodes 1997: 38-39)。

1. 政策社群是由一群數量有限的成員高度整合而成，這些成員
之間的關係相當穩定，但是此社群相當封閉，成員間垂直的
相互依賴是建立在對服務輸送責任的共同分擔上。換言之，
成員之間有強烈的垂直依賴，但是水平依賴卻是相當有限。
政策社群通常與政府的主要功能息息相關，例如教育、消防
等等公共服務 (Richardson and Jordan 1979; Rhodes 1986:
Chapter 8)。

2. 專業網絡也非常自外於其他網絡，通常是由一群對特定專業有興趣的人所組成，這群人的關係相當穩定，並有強烈的垂直依賴相關，但水平的依賴關係則相當有限。

3. 府際網絡則是個代表地方政府利益的網絡，成員數目仍是有限的，但是廣泛聚集了地方上所有與公共服務相關的利益，包括專家與顧客。由於網絡中的成員不用負擔服務的輸送責任，因此在垂直的相互依賴關係上則不如前述兩種網絡。至於水平的依賴關係則比上述二者還要範圍廣泛，此網絡也比較有能力滲透入其他的網絡。

4. 生產者網絡是基於公私部門的經濟利益所構成的網絡，網絡中的成員相當具有流動性，垂直的互相依賴程度有限，此網絡存在的目的主要是為了提供生產者的經濟利益。

5. 議題網絡是相當不穩定的網絡，成員數目眾多且互賴性很低，整個結構是鬆散的。

二、Wilks and Wright 的分類

Wilks and Wright（1987）採用社會中心途徑（societal-centered approach），強調人際互動關係，而非結構互動關係。與 Rhodes 不同的是，Wilks and Wright 在觀察政府機關與工業界之間的網絡關係後，認為所有的政策領域中，都存在著分殊的性質（disaggregated nature），政府部門也是分殊而多元的，因此，要了解政府與工業界之間的關係，關鍵在於政策網絡的次級部門（sub-sectoral policy network）。這種強調人際互動以及分殊性的微視觀點，與 Rhodes

的巨視觀點可說是大相逕庭。除此之外，二者對於政策社群與政策
網絡的定義亦不盡相同。Wilks and Wright 將政策分成幾個層級，
而每一個層級都有行動者形成一個網絡，幾個政策層級分別如下
（Wilks and Wright 1987: 299-300）：

1. 政策領域（policy area）是基於某項公共政策的領域所形成
   的，例如教育政策、或是工業政策。在這個政策層級中，大
   量的行動者與潛在行動者（potential actors）基於同樣的利
   益，設法影響公共政策的過程，而這些行動者所組成的網
   絡，稱之為政策全域（policy universe）.

2. 政策部門（policy sector）是在各政策領域裡各部門所形成
   的網絡。例如在工業政策領域中，可分為化學部門、通訊部
   門等等。所以，在這個網絡裡，行動者與潛在行動者基於其
   在工業政策中特定的利益而互動並交換資源，期能平衡並極
   大化彼此之間的相互關係，而這樣的網絡，Wilks and Wright
   將之定義為政策社群（policy community）。

3. 政策次級部門（policy sub-sector），又稱為政策焦點（policy
   focus），是從政策部門中加以細分的次級部門。例如化學部
   門有更細分為基本化學與藥學等等。有趣的是，Wilks and
   Wright 將這個政策層級裡行動者所組成的網絡稱為政策網
   絡（policy network），而這個網絡裡的成員，可能是從同一
   個政策領域中，不同的政策社群而來，或甚至是從不同的政
   策領域而來。Wilks and Wright 藉此說明並非所有的政策議
   題都能在單一的網絡裡完成，往往需要不同網絡之間的彼此

幫補與資源交換。顯然，對於 Wilks and Wright 而言，政策
網絡變成了政策社群裡或社群之間資源交換的結果。

4. 政策議題（policy issue）指的是政策次級部門中較具爭議性
的議題。

三、Marsh and Rhodes 的分類

Marsh and Rhodes（1992: 251）基於四個標準來為政策網絡分
類，這些標準分別是成員（參與成員的數目、利益的類型）、整合
性（成員之間互動的頻率、整合的持續性、以及成員間的共識）、
資源（網絡內的資源分配、參與組織內的資源分配）、以及權力的
分配。在此分類中，政策網絡意指政府與利益團體之間的關係，這
與前述 Rhodes 單指中央政府與地方政府之間關係的分類有所不
同。在 Marsh and Rhodes 的分類中，網絡的光譜是隨著政府與利益
團體之間關係的密切程度而產生。

政策社群與議題網絡分別處於光譜的兩個極端，政策社群中的
成員有限，有些團體被刻意地排除在網絡之外，而網絡中所有成員
會針對與政策相關的所有議題作頻繁且高品質的互動。成員間具有
高度的共識，成員的組成也相當穩定，最重要的是，每一個網絡裡
的成員都擁有某種資源，因此成員之間的關係就是一種資源交換的
關係，也因此「議價」（bargaining）是網絡內成員間的基本互動。
至於政策社群內的權力關係則相當平衡，雖然每個成員的受益程度
不一定相同，但至少成員皆認為他們是在一個有利可圖的賽局裡。
最後，在政策社群內的組織結構屬於層級節制，因此，組織的領導

者可以確定組織成員的順從程度（Rhodes 1997: 43-44）。議題網絡則是完全與政策社群相反，其參與成員數目眾多且共識有限，成員間的互動不定，而且互動的內容較屬於諮商性質，而非談判或議價，這是由於成員之間的權力關係並不平等，有些成員甚至沒有什麼資源可供交換，在這種情況下，自然沒有談判或議價的可能。

四、Van Waarden 的分類

Van Waarden（1992）對政策網絡的分類相當龐大而詳細，他認為政策網絡的分類不應只侷限於網絡的結構面，而忽略了網絡中成員所採取的策略，因為參與者所採取的策略會影響到整個網絡結構的建構。Van Waarden 將政策網絡分為十一種類型，而其所使用的分類面向有七種，分別是參與者的數目與型態、網絡的功能、網絡的結構、網絡制度化的程度、（網絡成員）行為的規則、權力關係、以及參與者的策略（在此比較強調公部門的參與者）。Van Waarden 的分類雖然詳細，但是用來分類的七個面向有彼此重複的情況，例如「網絡的結構」其中一部分便指涉了網絡的規模，這與「參與者的數目與型態」顯然有重疊的部分。另外，「網絡制度化的程度」，事實上也可以視為「網絡結構」的一部份，將之特意突顯的意義不是非常明確。然而，Van Waarden 將網絡的功能突顯出來，是前述其他學者著墨較少之處。Van Waarden 將一般政策網絡的功能依照網絡成員關係的親疏性分為分為五種（Van Waarden 1992: 33），分別是製造接近決策過程的管道、諮詢（資訊的交換）、談判協商（也就是資源與工作成果的互換，或甚至是資源的動員）、

協調各自獨立的行動、以及在政策形成、執行、和合法化過程中的
合作。

肆、小結——本文的分析架構

　　從上述的分析可以看出，相較於英國學者而言，美國學者的政
策網絡觀點較強調多元主義以及開放系統的思維，同時對於立法部
門也有較多的著墨。英國學者論及政策網絡的參與者時，則將焦點
放在政府行政部門與非政府部門的政策利害關係者上，利益團體是
公共政策的中介角色，政策網絡的體系較為封閉，此乃趨向統合主
義的思維。本文試圖從多元主義的角度來分析我國社會福利政策網
絡。首先，依照網絡功能予以分類，將社會福利政策網絡分為政策
執行與政策議題倡導網絡，以政策執行為主的網絡，就是社會福利
服務遞送的網絡，以政策議題倡導為主的網絡，就是關乎政策形成
與合法化的網絡。值得注意的是，同樣一個非營利組織，可能同時
在不同的政策網絡裡扮演著不同的角色。邱瑜瑾與劉邦立（2001：
16-17）針對台北市 204 個社會福利非營利組織之政策角色的研究
中發現，每個福利組織平均扮演了 1.8 種角色，這些角色除了最普
遍的福利服務提供之外，就是政策倡導、提升民眾參與公共事務、
以及監督政府公共政策等等。

　　針對這兩類的社會福利政策網絡，本文擬從四個面向分析，分
別是參與成員的組成份子、參與成員間的整合性、網絡內資源的分
配、以及網絡的界限。這四個面向主要是整合前述 Marsh and

Rhodes（1992）與 Wilks and Wright（1987）用以分析政策網絡的觀點。誠如前述，Marsh and Rhodes（1992）在分析政府與利益團體構築而成的網絡時，所採取的分析面向為成員、整合性、資源分配、以及權力分配，即使往後其他的政策網絡研究者如 VanWaarden（1992）等的分析面向更為細分，但是基本上都沒有脫離這四個主要的研究構面。本文認為，網絡內資源分配情況，可以等同於權力的分配狀況。換言之，本文假設擁有資源的多寡等同於權力分配的多寡，因此將資源分配與權力的分配視為同一個標準。此外，誠如Wilks and Wright 所言，並非所有的政策議題都可以在同一個政策網絡內解決，而且一個政策網絡內的成員，可能是來自於其他的政策網絡（Rhodes 1997: 42），因此，在分析政策網絡時，除了網絡內各項特質應該列為分析面向以外，政策網絡於運作的過程中是否需要來自網絡外成員的協助，也就是所謂的「網絡界限」，亦應成為分析政策網絡的其中一個面向。

　　茲將本文分析政策網絡的四個面向詳述如下：

1. 參與成員的組成份子：參與成員的組成份子，在此以其利益的類型做區分。參與成員可以個人為單位，也可以組織為單位，本研究所稱的參與成員，是以組織為單位。

2. 參與成員之間的整合性：包括成員間的共識以及互動的頻率與方式。以政府與社福性非營利組織之間的關係為例，二者互動的方式，可以是由政府提供資金予非營利組織並要求非營利組織的課責（例如公設民營），也可以是非營利組織監督政府，運用影響力塑造政府的決策（例如非營利組織從事

政策議題的倡導）（江明修，1999：149-151）。在此，本研究試圖把 Van Waarden 之「參與者的策略」納入，參與者之間互動的方式，應與參與者在網絡中所採取的策略息息相關，例如，前述以議題倡導為主的非營利組織，透過輿論或遊說的具體策略，來型塑社會大眾對某一議題的態度，並進而影響公共政策的制定（江明修、陳定銘，2000）。

3. 網絡內資源的分配：參與者之間資源的分配，關係到權力的分配，本研究假設網絡中擁有相對較多資源的參與者便擁有相對較大的權力。

4. 網絡的界限：雖然 Wilks and Wright 對政策網絡與政策社群的定義與一般學者的定義分歧，甚至被認為不應該把政策網絡領域裡大家已經熟稔的專門用語再賦予不同的意義（Rhodes 1997:42），但是，本研究認為，Wilks and Wright 有一個值得繼續發展的論點，就是並非所有的政策議題都能在單一的網絡裡完成，可能需要不同網絡之間的資源交換才能完成。Van Waarden（1992: 46）與 Jordan（1981: 95）便認為，網絡的界線（boundary）或是網絡的開放性也應該是為政策網絡分類的標準之一。在界線模糊的網絡裡，參與者眾多而且進出網絡相當容易，甚至會需要其他網絡的資源交換，至於在界限較為明確的網絡中，則參與者相當有限，並且與其他網絡互動的需求較少。

第三節　政府與非營利組織的互動
　　　　　——社福性政策網絡的分析

　　政府與非營利組織之間的互動方式相當多，從經費補助到資訊的傳佈分享都有。Salamon（1995: 26-31）認為，政府與非營利組織之間的互動方式，可以從五個面向來觀察，分別是直接／間接的面向（政府對非營利組織的依賴程度）、自發的／行政的面向（政府依賴現存之體制與非營利組織互動的程度）、現金補助／類現金補助的面向（政府與非營利組織合作的專案性質）、能見的／無形的面向（制度的能見度）、設計標準／業績標準（政府與非營利組織之間的合作重點是在專案的設計上還是專案執行後的業績上）的面向。本文的分析，主要在於政府與非營利組織之間資源互賴的情形，因此，若以 Salamon 的五種分析面向來看，本文的分析乃傾向於直接／間接的面向。

　　政策網絡的形成應有其特定的功能，例如政策規劃、政策執行、或是政策議題的倡導等等，特別是以政府與社福性非營利組織為主所建構而成之政策網絡的功能，應該不出這個範疇。從上述邱瑜瑾與劉邦立（2001：16-17）對台北市非政府組織之政策角色的經驗研究結果得知，社會福利性質的非政府組織在公共政策過程中所扮演的角色具有多樣性，每個組織平均都扮演著 1.8 個角色。在多重選擇的回答中，有 51.7%認為自己的機構扮演了提供福利服務的角色，而扮演政策倡導者有 39%，提升民眾參與公共事務者有14%，而監督政府公共政策者則有 13.1%。由此回答可以看出，屬

於政策執行面的福利服務提供，是目前社福性非營利組織的主要功能，例如「公設民營」的機構便是。此外，政策議題的倡導，則是非營利組織另一項重要的功能，諸如政策倡導、提升民眾對該政策議題的認知與參與、以及監督政府是否落實公共政策等。例如「中華民國殘障聯盟」常在全省各地舉行身心殘障者相關議題的座談會，企圖喚起社會對相關議題的重視，並為身心障礙者的福利立法而奔走努力，而且在立法後監督該法是否落實。在此，本研究擬以「網絡的功能」先將社福性政策網絡分為兩類，分別是政策執行與政策議題的倡導，再分別以「網絡成員的組成份子」、「參與成員的整合性」、「網絡內資源的分配」、以及「網絡的界限」來分析這兩類政策網絡中，參與成員的互動。

壹、政策執行的網絡

　　目前在社會福利政策執行方面，特別是福利服務的輸送上，政府與民間大致是以「公設民營」或是「方案委託」的方式合作。在此，擬以「公設民營」作為分析的焦點。「公設民營」已成了政府在福利服務輸送成本與效率考量之下的另一個選擇，也是目前社會福利服務的趨勢。所謂的「公設民營」，簡言之，就是由政府提供房舍、設備，而由民間組織提供福利服務的機構，而此機構得就其所提供之設施或服務，酌收必要費用（蘇昭如，1993: 68）。在此制度之下，政府移轉到民間的，只是福利服務的提供，而非責任的移轉，換言之，政府仍是承擔社會福利責任的最終角色。對於政府而

言，社會福利的提供雖是責無旁貸，但是基於專業與成本上的考量，若能結合民間既有的資源來提供社會福利服務，既可達到福利輸送的目的，又可避免社會資源的重複浪費，以及行政僵化導致福利服務效率不彰的缺失。而從民間觀點來考量，由政府提供福利服務輸送的相關硬體設備，可以節省大筆開支，使民間現有的資源更能專注於福利服務的品質上，這對於政府與民間非營利組織而言，是一種雙贏的合作模式。而以公設民營為主所形成的網絡中，成員之間的互動與整合甚為緊密，比較傾向於上述政策社群的型態。

一、網絡成員的組成份子

網絡成員（以組織為單位）數量有限，政府、負責福利服務輸送的非營利組織、社會捐款單位、以及接受福利服務的案主（clients），是此網絡中主要的成員。例如全臺北市第一個青少年服務中心──「萬華少年服務中心」，於一九九七年成立，係由台北市政府社會局以公設民營的方式邀請天主教善牧基金會來承辦，而案主主要是以在附近區域（不限於萬華區）內活動的青少年為主，特別是中輟、遭遇不幸、家庭低功能的青少年，希望透過主動輸送社會福利服務的方式，預防這些青少年面臨生活中可能的危機。

二、網絡成員的整合

有關網絡成員之間的整合，在此擬從三個面向來分析，分別是成員間的共識、互動的頻率、以及互動的方式。非營利組織成立的宗旨，本就以公益為主要的訴求，期望藉著組織的運作對特定的族

群有所幫助，這不只是社會捐款者的期待，也是案主的期待，而政府以專業與效率為考量，採用公設民營的方式與民間非營利組織進行合作，以達公益的目的，由此看來，輸送福利服務給予需要幫助的族群以達公益的目的，是網絡成員間相當強的共識。

　　至於網絡成員之間的互動則相當複雜。比較單純的互動發生在非營利組織與社會捐款者之間。非營利組織基於組織的需求向社會募款，而社會捐款者基於對非營利組職成立宗旨的認同而捐款，捐助人對於機構並沒有任何權利，且因捐款屬於自願性質，所以，二者互動的頻率大都控制在捐款者手上，也因此機構在經濟景氣衰退的時期，容易面臨到捐款短缺導致更依賴政府補助的情形。至於機構與案主之間的互動，則依照服務提供的性質不同而有主動與被動之分。例如前述天主教善牧基金會承辦的「萬華少年服務中心」，即訓練志工採取主動的態度，進入社區中青少年常常出入的公共場所，主動提供相關的資訊與服務，而不只是被動地等待需要幫助的青少年尋求救助。至於政府與公設民營機構之間的互動，則大都訴諸明文規定。以台北市為例，依據「台北市政府社會福利設施委託民間專業機構辦理實施要點」第四條的規定，受託機構於決定接受委託後，需在兩個月內將工作計劃、經費概算、以及收費標準提報市府審核，若是繼續受託的機構，則需要在每一年度開始前兩個月提報市府核備，在會計年度結束後一個月內，需將有關工作成果以及收支明細表列冊檢據送市府核備。該行政命令第七條則規定，社會局會參照中央標準，每年針對公設民營的機構辦理評鑑，視評鑑的結果來決定是否繼續委託，如果評鑑結果優良，市府會按規定給

予獎勵，但如果評鑑結果不佳，或中途有重大的違失，則市府可以單方面終止委託關係。

事實上，因為接受社會福利服務的案主相當繁多，服務的內容也相當多元化與個別化，所以，服務的效益實難量化，在沒有發展出完整的評估指標之前，政府要對公設民營機構辦理評鑑，並欲藉評鑑的結果來決定是否繼續委託，實屬不易。再者，部分公設民營機構的服務功能與性質，與其本身原有的功能與性質可能重疊，因而政府很難評估此機構的部分績效（例如前述天主教善牧基金會原有的服務可能已經囊括了青少年的輔導，因此政府很難只針對基金會所承辦的「萬華少年服務中心」的績效進行評估）。再加上社會福利市場龐大，而有能力或有資格成為受委託機構的組織數量有限，政府在不可能將福利服務完全回收由自己承擔業務，又無其他機構可供選擇的情況下，評鑑容易流於形式。

在探討政策網絡中網絡成員的互動時，應該了解這是一個動態的過程，網絡成員在互動的過程中，成員間對彼此的期待可能會產生改變，甚至成員本身也可能發生本質上的改變。例如在政府與公設民營機構合作的過程中，雙方投注了大量的財源、人力與物力，雖然二者的共識相同，都是為了提供良好的社會福利服務品質而努力，但是，畢竟二者所承擔的業務不同，所扮演的角色也不同，政府負責監督與管理，而受委託機構負責實際的服務輸送，漸漸地，二者的著眼點將會有所差異。再者，由於受委託機構可能會為了配合政府公平照顧的原則，造成服務對象過多，而超過原有的負擔，若不願見到福利服務無法深入，趨近表面化，則組織內部員額的擴

充便勢所難免，因此可能造成專業人員取代志願工作者，或是科層
化管理使組織失去原來的彈性等等本質上的改變。

三、網絡內的資源分配

　　政策網絡基於資源依賴的觀點，認為網絡內的成員皆須透過資
源的相互交換才能達成既定的目標。在此網絡中，乍看之下似乎只
有公設民營機構與政府之間，才有資源的交換，而社會捐款者與案
主，其分別與公設民營機構的資源流動都是單向的，談不上資源的
互換，其實不然。以案主與公設民營機構之間的關係而言，案主雖
然自公設民營機構接受福利服務，但是，案主可以給予公設民營機
構資訊上的回饋（例如接受福利服務之後的效果、或是服務是否切
合需要等等），幫助機構調整其服務的方式，以提升福利服務的品
質。換言之，對於案主而言，機構擁有的資源是案主所需要的福利
服務，而對於受委託機構而言，案主所擁有的資源是接受服務後可
供回饋的相關資訊。透過二者的資源互換，網絡的目標得以達成。
至於社會捐款者與公設民營機構之間的關係，則可從經濟學效用極
大化的概念來解釋。對於公設民營機構而言，社會捐款者所擁有的
資源是捐贈的款項，而對於社會捐款者而言，公設民營機構所擁有
的資源就是機構具有公益性的服務宗旨、以及機構的服務對社會造
成的正面影響，也就是經濟學中所謂的外部利益（external
benefit）。假設社會捐款者是一個理性的經濟人，那麼其捐款的決
定必是基於效用的考量，換言之，起因捐款所獲得的效用必大於付
出這筆款項所失去的效用。而所謂的「因捐款而獲得的效用」，可

能是因捐款而產生的自我成就感與社會參與感，也可能是因為了解到該機構的福利服務所產生的外部利益，可以使捐款者間接蒙受其利。

　　至於政府與受委託機構之間的資源互換則有明文規定。國內公設民營機構是依據內政部制定之「社會福利民營化實施要點」的精神辦理，以身心障礙公設民營機構為例，乃是根據內政部於民國八十六年修訂的「身心障礙者保護法」第三十九條所制定的「結合民間資源辦理身心障礙福利服務辦法」來辦理的。該辦法第二條第二項第一款規定，「公設民營係指政府提供依法設立機構之土地、建物及設施設備等，委託受託者經營，受託者經營管理並提供服務。」在此，政府是硬體資源的提供者，而受託機構則是軟體資源（專業、人力、行政等等）的提供者。除了機構設立初期的硬體設備確定之外，機構營運所需要的經常性經費來源，則主要來自接受教養之身心障礙者的繳費、各縣市政府對身心障礙者依資產調查結果的補助、以及內政部為機構提供之人事費及交通費的補助。一般而言，不論是公立機構、私立機構、或是公設民營機構，在接受教養之案主的繳費標準上，都是依據內政部頒訂的「身心障礙福利機構收費標準」訂定，另外，各縣市對案主的補助標準，也沒有太大的差別，差別最大的是在人事費及交通費的來源上面。公立機構的相關費用是由政府編列年度預算來負擔，但是私立機構與公設民營機構則是靠社會捐款以及內政部的補助來支應。

四、網絡的界限

雖然此網絡之參與成員數量較為確定，網絡界限較不模糊，但是並非所有的政策議題都能在單一的網絡裡完成。例如公設民營機構之土地與建物的取得與管理等問題，都超過社會局社政人員熟悉與管轄的範疇，還有建物取得以後，建物內部的空間規劃與設計，是否符合受委託機構使用上的需求等等，以及施工的品質、公共安全的檢查等等，都需要社會局以外的局處配合幫補（台北市社會局，1998：4）。

貳、政策議題倡導的網絡

解嚴之前在威權體制之下，國家的公共政策大都建立在政府的行政部門以及單一政黨的決策之上，立法院的角色並不顯著，當然更談不上民間利益團體在公共政策制定過程的參與。誠如 Salamon and Anheier（1997）在一個跨國比較研究中所發現的，政府威權主義的存在對於非營利部門的成長是不利的。然而民國七十六年解嚴之後，社會價值與利益開始呈現多元化的趨勢，而立法委員在政策制定過程中的角色也逐漸突顯，自主空間加大，這使得社會上多元的利益團體有機會藉由立法遊說等活動參與公共政策的制定過程。當然，私人利益團體可能會透過政商勾結來影響公共政策，以極大化其個人私利，這種黑金政治是國家邁向多元民主之路時較令人憂心的現象，但是，社會的民主多元化也使得代表公益的非營利

組織能有機會藉由立法遊說的途徑，來增進社會的公共利益，甚至為社會的弱勢族群爭取應有的社會正義。

　　非營利組織介入公共政策的運作，是現代民主國家的普遍趨勢，例如一九八六年美國天主教主教團所發表的「全民的經濟正義」（Economic Justice for All）主教牧函以成為美國社會政策的主要文件並對社會政策的發展有相當的影響力（張英陣，1995：155）。非營利組織用來影響公共政策的方式相當多樣，包括政策倡導、遊說、訴諸輿論、自立救濟、涉入競選活動、策略聯盟、合產協力（江明修、梅高文，1999：8-10）。近年來，社福性的非營利組織將在福利服務輸送的過程中所發現或產生的問題，透過社會倡導設法使之形成公共議題，並藉由社會立法的機制尋求解決的例子所在多有，本研究試以「兩性工作平等法」以及「兒童及少年性交易防制條例」二法之立法過程為例，從政策網絡資源依賴的觀點，來分析包括政府、以及社福性非營利組織在內的政策網絡中，各主要參與成員之間的互賴與互動。本研究之所以分別以「兩性工作平等法」與「兒童及少年性交易防制條例」二例為分析焦點，主要原因在於二者在推法過程中所遭遇的攔阻相當不同，雖然，二者都由社福性非營利組織所主導，而且立法催生的過程皆異常地艱辛，但前者所受到的阻礙以及時間成本的耗費比後者更多，形成強烈的對比。

　　「兩性工作平等法」是由婦女新知基金會所主導推動立法，自民國七十九年由三十九位立法委員連署，正式進入立法程序，至民國九十年三讀通過，歷時十一年，中間經過勞委會與資方聯手杯葛，以及行政院不提相對版本的雙重打壓，婦女新知基金會總共提

出了六次的修正草案，立法過程可說是相當坎坷（江明修、陳定銘，
2000：166-167）。反觀「兒童及少年性交易防制條例」的立法，是
由勵馨社會福利事業基金會所主導，於民國八十二年由八位立法委
員領銜提案，九十九位委員連署，正式進入立法程序，於民國八十
四年在沒有政府相對法案提出的情形下，完成三讀，前後歷時不到
兩年，這在台灣立法史上是極為罕見的特例（紀惠容、鄭怡世，
1998：164-167）。

一、網絡成員的組成份子

　　在「兒童及少年性交易防制條例」推動立法的政策網絡中，參
與成員包括勵馨社會福利事業基金會（以下簡稱勵馨基金會）、立
法機關（包括立法委員及立院黨團）、媒體、以及行政機關。勵馨
基金會是此立法的主要推動者，為了解決雛妓問題，一開始草擬的
是「雛妓防治法」，後來在委員會審查時名稱被更改。在勵馨基金
會推法過程中，遊說的對象除了具有立法權的立法委員以外，也包
括立院黨團與行政機關。立院黨團是因為對立法委員具有議事立場
的影響，而行政機關對法案的態度也對立法委員的決定有影響力，
因此二者也是勵馨基金會積極爭取支持的對象。此外，媒體的角色
亦不容小覷。媒體對此議題的正面報導可以喚起社會大眾的關切與
認同，對立法的推動會有所助益。至於「兩性工作平等法」推動立
法的政策網絡中，主要參與成員包括主導推法的婦女新知基金會
（包括與其策略聯盟的非營利組織）、立法機關、媒體、以及行政
機關。

二、網絡成員的整合

如同上述，網絡成員的整合要從成員間的共識以及成員間互動的頻率及方式來觀察。

1. 推動「兒童及少年性交易防制條例」立法的網絡

若共識程度以鬆散與緊密為兩端的光譜來描述，相對於政策執行網絡而言，政策議題倡導網絡之成員間的共識程度，應較傾向於共識鬆散的一端。政策議題倡導網絡的目的，在於議題受到社會的關注與認同，甚至進一步促使相關法令的制定。然而，很難斷言所有網絡參與成員都有這樣的共識。例如，媒體雖是網絡中不可或缺的角色，但其存在的專業目的不應是議題的倡導，而是議題的客觀報導。有趣的是，媒體的目的雖不是倡導議題，但與非營利組織互動的結果，卻可能間接導致網絡目標的達成。此外，立法機關與行政機關在推法共識上的建立，大都需要透過非營利組織的遊說而成。以立法機關而言，每個會期面對眾多的待審法案，立法委員與立院黨團所關注的立法焦點繁多，企圖推法的非營利組織若不積極遊說，很難令立法委員們與其建立共識。而行政機關因必須針對立法委員的提案，提出「相對法案」以與委員的提案併案審查，因此，遊說行政機關以達成共識，也是非營利組織推動立法過程中的重要任務。

至於網絡成員之間的互動則大都以遊說策略為主。在「兒童及少年性交易防制條例」初始的提案階段，勵馨基金會提請國民黨與民進黨立法委員共同連署，特意降低特定政黨支持的色彩。一讀通過送交內政與司法兩委員會審查，此時基金會同時採取直接遊說與

間接遊說的策略，拜訪內政與司法兩委員會的召集委員與程序委員，促使此法列為優先審查的法案，並動員民眾對上述委員進行電話及信件遊說。除此之外，基金會還積極接洽行政機關（內政部與社會司）進行溝通與協調，導致內政部決定不提相對法案，建請院會決議由相關委員會直接審查。二讀會的遊說仍是動員基金會的支持者對該選區的立法委員進行電話及信件遊說，三讀時協商的對象主要是以黨團的負責人以及在一讀中有異議的委員為主，由於基金會相當重視黨團的遊說，也因此成功地說服各黨黨團將此法案納入協商的法案當中，以致此法案從委員會審查完成到三讀通過，僅間隔十八天。在整個推動立法的過程當中，基金會同時與媒體有積極的互動，除了舉辦公聽會與說明會，以爭議性的話題來形成討論，吸引媒體注意，並主動提供消息給媒體，成為媒體所信任的消息來源中心，維持與媒體穩定而正面的關係（徐雅菁、鄭怡世，2002）。

2. 推動「兩性工作平等法」立法的網絡

在此網絡中，成員間的共識程度比推動「兒童及少年性交易防制條例」立法網絡更加鬆散，由於此法禁止基於性別的雇用、薪資、升遷、配置、以及職訓歧視，更專章規範了職場性騷擾的防治，對於國內普遍兩性同工不同酬的現象，以及公、私部門長久以來歧視性招募等等現象，無異是一個新的挑戰。此外，企業界認為此法只嘉惠女性，不但會提高雇主營運成本，也會使企業雇用女性的意願降低，因此，此法的推動招來企業界強烈的反彈，將此法與「消費者保護法」、「環境保護法」等列為導致企業出走的十大惡法之一，

堅決反對制定該法，而台灣這個經濟島國，沒有任何一個政府單位願意負擔逼走企業的罪名，因此企業界的反對連帶使行政機關對此法採取保留甚至杯葛的態度。民國八十年勞委會與企業界聯手杯葛，執政黨透過政策會向黨籍立委下達「緩議」的指令，將「男女工作平等法草案」凍結在立法院。之後，內政、與司法委員會在民國八十七年第五次審查「男女工作平等法草案」，又因行政院不願提出相對法案而無法審查（江明修、陳定銘，2000：167）。

　　即使網絡成員間缺乏共識，但是婦女新知基金會仍不斷舉行公聽會以及記者會，企圖透過媒體來喚起大眾對此法的重視，並出版「1999 催生男女工作平等法手冊」，詳述基金會推動男女工作平等法的艱辛過程，並於民國八十八年的婦女節，聯合婦運與工運團體舉辦「催生男女工作平等法」送案到立院的活動，由立委葉菊蘭將法案再度送交立院審議。當然，在這漫長十一年法案推動的過程當中，國會的遊說自然是最重要的策略，例如在民國八十八年春節過後，婦女新知基金會與第四屆新科立委舉辦了春茶聚會，遊說立委支持基金會推出的法案。另外，基金會也曾擴大發起「街頭萬人連署行動」，以匯集廣大的民意，並喚起媒體的注意（尤美女，2001；2002；張晉芬，2001；彭渰雯，2000；婦女新知基金會，2001）。

三、網絡內的資源分配

　　在勵馨基金會與婦女新知基金會二者推動立法的過程中，分別與立法機關、媒體、以及行政機關透過資源的互換，實現網絡的目標。要再一次強調的是，網絡成員個別所抱持的目標，或許並不相

同，但經由資源互換的過程，卻得以達成網絡的終極目標。正如前述，媒體在此二法立法的過程中，是型塑社會民意的關鍵角色，其所擁有的資源就是無遠弗屆的傳播工具，而基金會得自媒體的幫助，就是媒體對基金會所倡導的議題作出正面有利的報導。至於媒體本身在有限的時間壓力之下，要尋找具有新聞價值的事件予以報導，基金會就成了媒體尋找新聞的來源。例如勵馨基金會在推法過程中不斷以雛妓相關議題舉辦公聽會，炒作具爭議性的議題，或是婦女新知基金會不斷公開討論男女平等的議題，以吸引媒體的注意，就是很好的例子。

　　基金會與立法機關的資源互換，基本上是選民與民意代表之間的利益互換。立法委員的基本職能就是訂立符合公益的法律，但是在多元的社會裡，公益難有明確的定義，立法委員的在立法上的彈性空間也因而擴大。對於基金會而言，立法機關的資源就是對法案的支持，而對於立法機關而言，基金會所擁有的資源正是選民與選票，立委或黨團若能與基金會建構良好的互動，對本身的政治前途頗有助益。再者，基金會所推動的立法若是民意之所向，則支持推法的立委必可藉此塑造良好的形象。至於行政機關與基金會的資源互換則比較間接。由於我國的慣例，行政機關對提案有提出相對法案的權利與義務，所以，若行政機關所提的版本與基金會版本差距愈大，基金會要妥協的可能性就會愈大。然而，行政機關並不可能閉門造車地起草相對提案，它需要具有實務經驗的基金會提供充分的資訊。再者，非營利組織逐漸蓬勃發展的今日，行政機關確實需要民間非營利組織在社會福利政策執行上的配合，因此，在政策規

劃或是合法化的過程中，若能與非營利組織作良好的互動，勢必有
助於立法後政策的執行。

四、網絡的界限

　　以上述兩個例子而言，網絡界限模糊之處在於網絡成員對於法
律專業的需求。由於涉及法案的草擬，因此需要法律專業的諮詢與
幫助。例如「兒童及少年性交易防制條例」草案以及其數個修正版
本，都必須仰賴律師給予協助，甚至謝啟大委員也被邀請加入研擬
小組，進行法案的整體架構以及法律邏輯的修正（徐雅菁、鄭怡世，
2002）。另外，學術界在相關研究上的支援，也是推法過程中的重
要幫助，例如「兩性工作平等法」推動之初，就參考了熟悉女性勞
動權益之學者專家的研究與建議。當然，政策議題倡導網絡比較特
別的部分，在於所倡導的議題若遇強大的外來阻力影響網絡內參與
成員的立場，那麼網絡的界限將變得更加模糊，上述企業界對「兩
性工作平等法」立法的攔阻，就是一例。

第四節　結論與建議

壹、政府與社福性非營利組織的關係

　　從上述的分析可以發現，在福利服務輸送的網絡中，參與成員
在政策價值與目標上較能達成共識，所有參與者都擁有資源，而且

彼此具有資源互相依賴的關係，而參與者之間的互動方式確定，所以彼此的關係呈現比較穩定的狀態。此外，雖然網絡目標無法完全由單一網絡完成，仍需依賴其他網絡的幫助，但相對於政策議題倡導性質的網絡而言，福利服務輸送網絡的開放性比較低，網絡界限也較為明確，若以 Rhodes and Marsh（1992）對政策網絡的分類來看，福利服務輸送的網絡比較屬於政策社群。至於議題倡導型的網絡，則因議題種類的不同而會呈現不同的風貌。當議題的性質比較不會造成利益衝突時，網絡成員的共識比較容易達成，但若議題的性質將影響社會上某一族群的既得利益時，網絡成員因利益的分歧而較可能處於彼此競爭的態勢，共識難以達成，甚至產生衝突，資源交換的過程將充滿了謀略。在這種情況之下，網絡的界限較為模糊，外力也較容易介入網絡的運作。

若以 Najam（2000）對政府與非營利組織之間互動模式的分類來看，福利服務輸送網絡比較偏向合作的模式，因為政府與非營利組織的主要目標都是為案主提供品質良好且數量充足的服務，而且二者在如何輸送福利服務的策略上有相當的共識，例如採用公設民營或方案委託的方式。至於在政策議題倡導網絡中，政府與非營利組織間的互動關係則比較複雜，可能是籠絡吸納或是衝突的型態。議題既然需要倡導，即表示該議題是一個新的價值，它或許是社會上存在已久的問題，只是一直沒有解決的適當時機，或是社會價值觀的轉變導致該議題的突顯，無論是何種情況，非營利組織在倡導議題之初，很難即與政府產生共鳴或建立共識，甚至會有利益衝突的產生。然而，藉由互動與資源的交換，衝突的態勢應可逐漸轉變

為籠絡吸納的模式。因此，本研究認為政府與非營利組織之間的互動模式，可能會隨著資源交換的過程而有所改變，而網絡成員的本質，也可能在互動的過程中產生變化，簡言之，政府與非營利組織之間的關係，實在是一個動態的過程。

貳、政府與非營利組織的共同治理

在政策網絡的研究中，有學者將政策網絡視為是一種特殊型態的治理模式（Kooiman 1993a），也就是認為政策網絡的概念不只是用來分析公、私部門之間的關係類型，因為如此並不足以了解網絡成員的行為。網絡的概念應該放在網絡內分立但互相依賴之成員間的協調與互動行為上，而成員間各種連結，在強度、正常化、標準化、與互動頻率上皆有不同，因而造成不同的治理結構（林玉華，1999：165）。過去威權時期由政府單獨治理國家的現象已不復見，以政府與社福性非營利組織之間的關係而言，福利服務輸送網絡的出現代表了民間非營利組織正式跨足公共政策執行的領域，雖然政府透過方案委託或是公設民營的方式，將提供福利服務的業務委由非營利組織來完成，並且有正式的法令規章限制彼此的權責，但是由於有能力或有資格承接政府業務的非營利組織數量有限，而政府在業務長期委外後，內部早已失去辦理相關業務的能力，再加上科層體制缺乏彈性，因此，即使受委託機構在財務上非常依賴政府，政府對此機構的監督與控制也容易流於形式。非營利組織的運作範圍不只在政策執行上，也漸漸涉入政策的規劃層面。從議題倡導網

絡中，非營利組織對於立法的推動，便可窺知一二。從法案的草擬、策略聯盟、國會遊說、立法的通過，甚至立法的落實，都有非營利組織的主導與運作，至此，政府與非營利組織的共同治理更形顯著。

　　事實上，上述的分析顯示政府與非營利組織之間的關係，是「既競爭又合作，既依賴又自主」的關係（鄭讚源，1997），而二者互動的模式與路徑，會漸漸沉澱穩定而形成另一種形式的治理，這種治理的本質，是網絡成員間資源的互相依賴，也是功能上的互相依賴，沒有任何一個參與者可以支配掌控整個網絡的運作，或是強迫其他的網絡成員背負達成目標的成本。換言之，這樣的治理是一種「沒有統治者的治理」（Governance without a Governor）（Dunsire 1993: 27-31）。然而，這個網絡要能夠避免無統治者的混亂狀態，本身就必須要有自我組織（self-organizing）與自我修正（self-correction）的機制，並且處於一個制衡（check and balance）的常態。而在這個複雜性、動態性、以及分殊性日增的網絡中，要建立這個自我組織與修正並且能夠制衡衝突目標與利益的機制，必須基於幾個主觀與客觀的條件（Kooiman 1993b: 251），客觀的條件包括：（1）傳統的權威結構，以及治理的方法及工具已經失靈，（2）新的治理結構與模式尚未完全確立，（3）社會中仍存在著公、私部門皆關心的議題，（4）社會的目標與各團體的利益能夠充分地結合，以能達到雙贏的狀態。至於主觀的條件，則是：（1）參與者之間的互信與相互了解達到某一種程度，（2）參與者已準備好要負擔該負擔的責任，（3）有相當程度的政治涉入以及社會支持。

參、對政府與非營利組織共同治理的建議

基於上述，政府與非營利組織要能夠共同治理，以下是幾點建議：

1. 政府必須認知到，過去單一統治者由上而下（top-down）的治理模式已經不符合這個多元複雜且動態的社會，在新的治理模式尚未確立之前，政府與網絡中的其他成員都應該對這個轉型的階段給予更多的包容與耐心。

2. 政府雖然在網絡中已逐漸不再凡事主導，但並不表示政府不必再負擔社會公益的責任。政府應該仍具有導正社會價值的功能，並且設法使公益的議題成為公、私部門都關切的焦點，使公益的目標能與利益團體的利益結合，才不致於在推動公益價值的同時，受到利益團體太大的阻力。以上述「兩性工作平等法」的推動為例，若政府能促使企業了解，此法的推動，除了可以讓女性雇員在更安全的環境之下工作，也可以藉此提升整體的工作效率，甚至提升我國企業在國際上的形象，那麼，公益的目標與私利的目標便可融合，來自企業的阻力自然會減少。

3. 以明確的規則來建立網絡成員間的關係，讓成員彼此了解在網絡中所扮演的角色，並充分了解彼此的權利與義務。例如邀請民間團體共同參與討論公設民營或是方案委託機構的評估指標、契約內容、補助標準、以及機構的輔導管理等等，並將之訴諸明文的規定。除此之外，成員間的互信，應建立

在資訊的公開上，因為資訊的公開可以避免網絡成員之間不
必要的猜測與間隙，互信的基礎得以因此建立。

4. 非營利組織需要秉持其公益的特質，準備好負起社會責任，
不論經費的來源是政府或是自籌，一旦涉入社會福利的領
域，就再也不能以單純的私人機構自居。

5. 政府與非營利組織要相信政治的涉入對網絡目標的達成有
其正面的意義，透過良性的政治運作，可以促使公益的推
行，從上述勵馨基金會與婦女新知基金會的推法過程可窺之
一二。當然，為了避免黑金政治的運作，政府應該建立一個
合理的運作機制，使政治的運作能良性化。例如遊說法的確
立便是。此外，政策網絡的運作要能夠鼓勵社會民眾的參
與，例如兩個基金會在推法的過程當中，透過社會大眾的參
與向所屬選區的立法委員遊說，或是透過萬人簽名的運動讓
執政者了解社會大眾的意向，就是一個很好的例子。

政府與非營利組織之間的互動模式會隨著網絡功能而有所不
同，然而，不論是政府或非營利組織都應該認知到，社會福利多元
化的時代已經來臨，沒有任何一個網絡成員可以單獨完成政策網絡
的目標，不論是在社會福利的議題倡導、政策規劃、政策合法化、
或是政策執行的過程中，唯有政府與非營利組織對彼此的權利與義
務有充分的認知與責任感，才能使政策網絡具有自我組織與修正的
功能，並在資源互動的過程中提升我國社會福利服務的品質。

參考文獻

一、中文文獻

尤美女，2001，「兩性工作平等法修法之漫漫長路」，**中國時報**（12.22），
　　時論廣場。

尤美女，2002，「從立法到執法──談兩性工作平等法之落實」，**全國律師**，
　　第 6 卷，第 3 期，頁 4-8。

丘昌泰，2000，**公共政策：基礎篇**，台北：巨流圖書公司。

台北市社會局，1998，「公設民營的發展與建制」，**社會福利**，第 69 期，
　　頁 3-10。

台北市社會局，2004，「臺北市政府社會局九十三年九月份第一次局務會
　　議紀錄」，網址：http://www.bosa.taipei.gov.tw/e/e0401.asp?id=87（檢
　　閱日期：2004 年 11 月 6 日）。

江明修，1999，「非營利組織協助政府再造之道」，收錄於江明修主編，**非
　　營利組織經營策略與社會參與**，頁 145-154，台北：智勝文化事業有
　　限公司。

江明修、陳定銘，1999，「我國基金會之問題與健全之道」，收錄於江明修
　　主編，**非營利組織經營策略與社會參與**，頁 215-267，台北：智勝文
　　化事業有限公司。

江明修、陳定銘，2000，「台灣非營利組織政策遊說的途徑與策略」，**公共
　　行政學報**，第 4 期，頁 153-192。

江明修、梅高文，1999，「非營利組織與公共政策」，**社區發展季刊**，第
　　85 期，頁 6-12。

李允傑、丘昌泰，2003，**政策執行與評估**，台北：元照出版公司。

林玉華，1999，「政策網絡：政策執行的新典範」，**行政暨政策學報**，第 1
　　期，頁 135-184。

林玉華，2002，「政策網絡的治理模式：以英國與歐盟為例」，**行政暨政策
　　學報**，第 34 期，頁 35-55。

邱瑜瑾、劉邦立，2001，**都市政權、制度、政策網絡與地方政府社會福利
　　之建構：台北市與高雄市之比較研究**（I），行政院國家科學委員會補
　　助專題研究計畫成果報告。

柯三吉、萬育維，1994，**台北市政府社會局委託式福利服務提供模式之研**

究：社會局與受委託機構間互動關係的探討，台北：台北市政府社會局。

紀惠容、鄭怡世，1998，「社會福利機構從事社會立法公益遊說策略剖析」，社區發展季刊，第 84 期，頁 164-177。

徐雅菁，鄭怡世主編，2002，台灣NGO立法行動──「兒童及少年性交易防制條例」立法與監督過程紀實，台北：勵馨基金會，終止童妓協會，婦女救援基金會，花蓮善牧中心。

婦女新知基金會，2001，「十一年來的篳路藍縷，兩性工作平等法終於三讀通過」，婦女新知基金會民國九十年十二月二十一日新聞稿。

許世雨，1999，「非營利組織與公共行政」，收錄於江明修主編，非營利組織經營策略與社會參與，頁 155-189，台北：智勝文化事業有限公司。

張英陣，1995，「非營利組織與社會福利政策分析」，社區發展季刊，第 84 期，頁 144-159。

張英陣，1998，「公私部門福利角色的分工」，收錄於詹火生、古允文編著，新世紀的社會福利政策，頁 21-38，台北：厚生基金會。

張晉芬，2001，「晚來的喜悅與更深的期待──歷經十一年奮戰兩性工作平等法終於通過」，聯合報（12.22），民意論壇。

彭渰雯，2000，「婦運團體如何影響政策與立法──一九九九年婦女新知基金會的實戰經驗」，政大非營利研究中心主辦，「質性研究方法之應用：非營利組織參與政策與立法為例」研討會。

喜瑪拉雅研究發展基金會，2002，台灣 300 家主要基金會名錄，台北：喜瑪拉雅基金會。

馮燕、張英陣、潘中道，1998，如何加強委託非營利機構推展福利業務，台北：行政院研究發展考核委員會。

鄭讚源，1997，「既競爭又合作、既依賴又自主：社會福利民營化過程中政府與民間非營利組織之角色與定位」，社區發展季刊，第 80 期，頁 79-88。

劉淑瓊，1998，「社會福利公設民營制度之回溯與前瞻──以台北市政府為例」，台大社會學刊，第 26 期，頁 211-279。

蘇昭如，1993，「政府委託民間辦理社會福利服務之條件與方式」，社區發展季刊，第 63 期，頁 59-69。

二、英文文獻

Anheier, Helmut K. & Wolfgang Seibel .1990. *The Third Sector: Comparative Studies of Nonprofit Organizations*. Berlin: de Gruyter Publications.

Aquina, Herman J. 1992. A Partnership Between Government and Voluntary

Organizations: Changing Relationships in Dutch Society. In *Government and the Third Sector: Emerging Relationships in Welfare States*, edited by Benjamin Gidron, Ralph M. Kramer and Lester M. Salamon, 57-74. San Francisco, CA: Jossey-Bass Publishers.

Cater, Douglass 1964. *Power in Washington*. New York, NY: Random House.

Dunsire, Andrew 1993. Modes of Governance. In *Modern Governance. New Government-Society Interactions*, edited by Jan Kooiman, 21-34. London: Sage Publication.

Freeman, J.L. 1965. *The Policy Process*. New York, NY: Doubleday.

Gidron, Benjamin, Ralph M. Kramer and Lester M. Salamon. 1992. Government and the Third Sector in Comparative Perspective: Allies or Adversaries? In *Government and the Third Sector: Emerging Relationships in Welfare States*, edited by Benjamin Gidron, Ralph M. Kramer and Lester M. Salamon, 1-30. San Francisco, CA: Jossey-Bass Publishers.

Heclo, Hugh 1978. Issue Networks and the Executive Establishment. In *The New American Political System*, edited by Anthony King, 87-124. Washington, DC: American Enterprise Institute.

Heclo, Hugh and Aaron Wildavsky. 1974. *The Private Government of Public Money*. London, UK: Macmillan.

Jordan, A. Grant 1981. Iron Triangles, Woolly Corporatism and Elastic Nets: Images of the Policy Process. *Journal of Public Policy* 1(1): 95-123.

---. 1990. Sub-governments, Policy Communities and Networks--Refilling the Old Bottles? *Journal of Theoretical Politics* 2: 319-338.

Kooiman, Jan 1993a. Social-political Governance: Introduction. In *Modern Governance. New Government-Society Interactions*, edited by Jan Kooiman, 1-6. London: Sage Publication.

---. 1993b. Findings, Speculations and Recommendations. In *Modern Governance. New Government-Society Interactions*, edited by Jan Kooiman, 249-262. London: Sage Publication.

Kouwenhoven, Vincent 1993. The Rise of the Public Private Partnership: A Model for the Management of Public-Private Cooperation. In *Modern Governance. New Government-Society Interactions*, edited by Jan Kooiman, 119-130. London: Sage Publication.

Kramer, Ralph 1981. *Voluntary Agencies in the Welfare State*. Berkeley, CA: University of California Press.

Lipsky, Michael and Steven R. Smith. 1990. Nonprofit Organizations, Government, and the Welfare State. *Publican Science Quarterly* 104(4):

625-648.

Lowi, Theodore J. 1964. American Business, Public Policy, Case Studies and Political Theory. *World Politics* 16: 676-715.

Marsh, David and R.A.W. Rhodes (eds.) 1992. *Policy Networks in British Government*. Oxford: Clarendon Press.

McConnell, Grant 1966. *Private Power and American Democracy*. New York, NY: Knopf.

McFarland, Andrew 1987. Interest Groups and Theories of Power in America. *British Journal of Political Science* 17: 129-147.

Najam, Adil 2000. The Four-C's of Third Sector-Government Relations: Cooperations, Confrontation, Complementarity, and Co-optation. *Nonprofit Management & Leadership* 10(4): 375-396.

Rhodes, R.A.W. 1981. *Control and Power in Central-Local Government Relationships*. Farnborough: Gower.

---. 1986. *The National World of Local Government*. London, UK: Allen & Unwin.

---. 1988. *Beyond Westminster and Whitehall*. London, UK: Unwin-Hyman.

---. 1990. Policy Networks: a British Perspective. *Journal of Theoretical Politics* 2: 293-317.

---. 1997. *Understanding Governance: Policy Networks, Governance, Reflexivity and Accountability*. Buckingham, UK: Open University Press.

--- and David Marsh. 1992. Policy Networks in British Politics. In *Policy Networks in British Government,* edited by David Marsh and R.A.W. Rhodes, 1-26. Oxford: Clarendon Press.

Richardson, Jeremy J. and A. Grant Jordan. 1979. *Governing under Pressure: The Policy Process in a Post-Parliamentary Democracy*. Oxford: Martin Robertson.

Ripley, Randall B. and Franklin, Grace A. 1981. *Congress, the Bureaucracy and Public Policy*. Homewood, IL: Dorsey Press.

Salamon, Lester M. 1995. *Partners in Public Service-Government-Nonprofit Relations in the Modern Welfare State*. Baltimore, MA: The Johns Hopkins University Press.

---. 1987. Partners in Public Services: The Scope and Theory of Government-Nonprofit Relations. In *The Nonprofit Sector: A Research Handbook*, edited by Walter W. Powell, 99-118. New Haven, CT: Yale University Press.

--- and Helmut K. Anheier. 1997. *Defining the Nonprofit Sector*. London: St.

Martin's.

Van Waarden, Frans. 1992. Dimensions and Types of Policy Networks. *European Journal of Political Research* 21: 29-52.

Weisbrod, Burton A. 1977. *The Voluntary Non-Profit Sector: An Economic Analysis*. Lexington, MA.: Lexington Books.

Wilks, Stephen and Maurice Wright. 1987. Conclusion: Comparing Government-Industry Relations: States, Sectors, and Networks. In *Comparative government-industry relations : Western Europe, the United States, and Japan*, edited by Stephen Wilks and Maurice Wright, 274-313. Oxford: Clarendon Press.

Young, Dennis R. 1999. Complementary, Supplementary, or Adversarial? A Theoretical and Historical Examination of Nonprofit-Government Relations in the United States. In *Nonprofits & Government: Collaboration and Conflict*, edited by Elizabeth T. Boris and Eugene Steuerle, 31-67. Washington, D.C.: The Urban Institute Press.

---. 2000. Alternative Models of Government-Nonprofit Sector Relations: Theoretical and International Perspectives. *Nonprofit and Voluntary Sector Quarterly* 29(1): 149-172.

第四章
政策執行影響要素的意涵轉變
——從政策執行研究途徑發展脈絡分析

　　政策執行一詞的出現與相關研究的發展起點，是 Pressman and Wildavsky（1973）針對奧克蘭計畫執行失敗的研究，而相關理論發展至今已超過三十年，在實證研究或理論探討上都曾經蓬勃發展，其中出現不少代表性的論文是針對相關文獻進行廣泛檢閱的（Barrett 2004; Matland 1995; O'Toole 1986; 2000; Sabatier 1986; Schofield 2001; Schofield and Sausman 2004）。從文獻分析中可以發現，1990 年代開始，針對政策執行理論發展的討論趨緩，Schofield and Sausman（2004）認為這是因為過去 15 年中，有關政策執行的討論都是在跨學科的研究中進行，例如公共行政、組織理論、以及公共管理，特別是新公共管理思潮的出現，使得有關執行的研究轉而附屬於策略管理、組織變遷、或組織文化的討論上，而政策執行本身的討論反而不受到重視。因此，近年來歐美學者開始反思政策執行研究的必要性並企圖振衰起蔽（Barrett 2004; Schofield 2001; 2004; Schofield and Sausman 2004），甚至以「復興的時候到了」（Time for a revival）為標題來喚起學界重新正視政策執行的重要性。

　　導致學者們憂心的主要原因，不只是執行理論的發展不受重視，還有更嚴重的，就是跨學科的討論似乎又把政策執行的焦點推回一九七〇年代的老路上。政策執行理論從一九七〇年代發展至今，已經把焦點從單純地討論「執行就是對於政策目標的服從」逐漸轉移至「如何提升政策執行的結果」，但是在上述跨學科的研究中，不論是策略管理或組織變遷，對於政策執行的討論似乎又回到「執行就是對於政策目標的服從」的概念上（Schofield and Sausman 2004: 235-236），而政策執行過程中的種種變數；這些變數對於執行成果的影響；以及如何透過政策過程來改善政策執行結果等等的討論，似乎都不再成為研究焦點。雖然跨學科研究的優點不容抹滅，透過跨領域的對話可以擴展更多思考空間，但是，政策執行是政策過程中的重要環節，實在應該以更嚴謹的態度重新為政策執行的研究聚焦，因此，筆者企圖將研究焦點轉回政策執行研究的基本面上，以權變途徑為基礎，透過經驗研究探討政策執行影響因素在不同的環境系絡之下，對於政策結果的影響。本文即為這個經驗研究的前置作業，透過文獻檢閱，分析政策執行影響因素的內涵。

　　有關政策執行影響因素的探討，目前的中英文文獻中，英文文獻以 O'Toole（1986）針對三百多篇執行相關文獻所進行的整理最為周全，而中文文獻則以林水波教授等（1997）所著之「強化政策執行能力之理論建構」最為完整，兩者都詳盡地整理出歷年來政策執行研究中所使用或討論過的政策執行影響因素。然而，筆者發現政策執行影響因素隨著政策執行理論的發展而有不同的內涵，若能深入了解不同的理論發展時期，影響要素展現的不同內涵，就能了

解不同的環境系絡中這些要素對於政策執行的影響為何。然而，針對政策執行影響因素意涵轉變的文獻付之闕如，激發筆者著手整理的動機。

政策執行理論發展主要分為三個時期，第一代研究以「由上而下」途徑（top-down approach）為基礎，第二代是以「由下而上」途徑（bottom-up approach）為基礎，第三代則是「整合」（integrated or synthesis）途徑。本文首先整理這三個時期政策執行研究途徑的轉變，然後探討政策執行影響要素在三代研究中的意涵轉變。

第一節　政策執行理論的發展脈絡

影響政策執行的主要因素，乃崁鑲於政策執行理論的發展系絡中，所以，要檢視影響政策執行的要素，應該從這些要素的理論背景談起，本段將先介紹政策執行理論發展的三個階段，分別是第一代的由上而下途徑，第二代的由下而上途徑，以及第三代的整合途徑。

壹、由上而下途徑

第一代的政策執行理論──「由上而下」途徑，源自於傳統的政治與行政二分，以及規劃與執行二分的概念，在層級節制的結構中，上級階層（政策制定者）會透過權威來控制下級階層（政策執

行者），並且主導二者之間的和諧，所以，管理的策略是很重要的，如何管控執行單位以及資源的分配與使用，是這個時期政策理論的發展重點（Van Meter and Van Horn 1975; Edwards 1980; Sabatier and Mazmanian, 1980; Mazmanian and Sabatier 1981; 1983; 1989）。雖然Lipsky（1971）, Berman（1978; 1980），以及 Elmore（1978）都曾經主張層級控制在政策執行過程中的侷限性，以及政策制定者不可避免地會默許基層執行人員的偏好，但是 Sabatier and Mazmanian（1979）還是認為基層人員受制於決策者的法定與政治機制。例如，決策者可以選擇由哪一個團隊來執行政策；提供政策執行者服從的動機與懲罰機制；甚至影響選民的支持，所以，即使基層人員的偏好或行為會影響政策執行，其行為也會是在決策者可以接受的範圍之內（Sabatier, 1986: 25）。

　　Mazmanian and Sabatier（1989: 20）對政策執行的定義，清楚地呈現「由上而下」途徑的觀點，認為所謂的執行，就是「將基本的政策決策付諸實行，該決策通常會以法令、行政命令、或是法院判決的方式呈現。理想上，一個決策會認定所要解決的問題為何以及所要追求的目標為何，並且建構政策執行的過程。」

> "…the carrying out of a basic policy decision, usually incorporated in a statute but which can also take the form of important executive orders or court decisions. Ideally, that decision identifies the problem(s) to be addressed, stipulates the

objective(s) to be pursued, and, in a variety of ways, "structures" the implementation process."

在這個定義之下，Mazmanian and Sabatier（1989: 20-35）發展了三個決定政策執行成功機率的面向，並依此建立了十六個獨立變數：

1. 問題難易的程度（tractability of the problems）：技術上的難易度、目標團體行為上的差異性、目標團體的規模（佔總人數的百分比）、行為需要修正的程度。

2. 法令規範執行的能力（ability of statute to structure implementation）：明確而一致的目標、因果理論的有效性（政策是否真的能解決問題？）、財務資源的分配、執行機構內部與機構間的層級整合、執行機構的決策規則、執行官員的招募、正式的外部評估。

3. 影響執行的非法規因素（nonstatutory variables affecting implementation）：社會經濟情況與科技、大眾的支持、選民團體的態度與資源、最上層長官的支持、執行官員的投入與領導技術。

　　從上述三個面向以及十六個變數可以看出，影響政策執行成功與否的因素，大都是中央主管機構可以操縱的因素。因此，「由上而下」途徑最常提供的政策建議，就是政策目標要明確一致、政策執行的結構要儘量簡單、政策規劃時就應該多考慮到執行時會產生的問題、執行過程要明確設計以確保執行者適當的行為、確保專業

的政策執行者認同並投入政策目標的達成、極小化參與行動者的數
目、避免外來的干擾、有效控制執行者、確定提供及時並充足的資
源、確保執行者的順服、以及賦予支持政策目標的機構執行政策的
責任（Bardach 1977; 1980; Mazmanian and Sabatier 1981; 1983;
O'Toole and Montjoy 1984; Pressman and Wildavsky 1984; Sabatier
and Mazmanian 1981; 1983; Van Horn and Van Meter 1976）。顯然，
第一代政策執行理論所欲發展的是一個規範性的藥單，試圖建議管
理階層如何做才能使政策執行的結果更好，而當時所普遍討論的執
行要素，不外乎政策規劃單位對執行單位的協調、溝通、與控制，
以確保執行單位對於目標的認同與服從。

　　第一代的政策執行途徑面臨的挑戰，大致可以分為三個部分。

1. 基於政治與行政分立的觀點，把政策執行單純地當作行政的
　　過程，導致忽略了執行過程中的政治面向。正如 Berman
　　（1978: 165-166）所強調的，綜觀政策執行網絡，從聯邦政
　　府、地方政府、至非營利組織，當所涵蓋的組織數量愈多，
　　政治的因素就愈形重要，例如，組織間對於政策目標的分歧
　　態度、影響力的差異、權威的分配、資源的不足、以及溝通
　　的困難等等，都突顯出政治面向在執行系絡中的重要性
　　（Nakamura and Smallwood 1980; Barrett and Fudge 1981;
　　Hjern and Hull 1982; Hjern 1982）。

2. 「由上而下」途徑始終認為政策規劃者應明確設定政策目
　　標，並且有效地監控政策執行者，使執行者單純地行使職權
　　達成政策目標。但是，這種把執行單純視為行政的論調，與

事實不相符（Matland 1995: 148; Sabatier 1986: 29）。例如，一個法令為了要得到立法者多數的贊成，大都必須使用含糊不清的語言，甚至一個政策往往包含了多元而相互矛盾的目標。這種政治角力下的結果，處處可見，因為行政是不可能與政治分離的。若過度強調政策執行過程非政治性，反而可能造成政策執行的失敗。再者，基層政策執行者與非政府部門之間的互動，往往可能在忽視上意的情況下發生的，即使政策目標訂得再明確，基層執行者仍有可能利用其裁量權扭曲原始的政策目標。

3. 「由上而下」途徑雖然了解基層人員才是直接與顧客接觸的政策執行者，但是卻誤認為透過由上而下的法令控制，可以確保基層人員的服從與政策目標的達成。這樣的說法隱含著兩種意義；第一，政策規劃機關才是政策執行的重要角色與掌控者。此說法忽略了執行脈絡中其他行動者的存在，更忽略了基層人員面對業務時所採取之策略的重要性。基層人員通常針對每日的作業發展出一套例行性的工作方式（Lipsky 1980; Porter 1976），若新的政策目標無法透過其習慣性的工作方式達成，除非其再另外發展一套模式來處理新業務，否則將無法保證其可達成預定的政策目標。而基層人員的這些行為是無法被完全監控的。再者，基層人員的裁量權愈大，愈不容易受到上層機關的控制。第二，政策規劃或執行過程中一定有一個主導機關。此說法並非完全符合事實，例如社會福利服務輸送可能是由數個政府單位會同民間組織共同

完成，在這個輸送網絡中很難認定真正的主導者（Sabatier 1986: 30）。

由於上述對於由下而上途徑的挑戰，激發出由下而上的研究途徑，也就是把研究焦點從政策規劃者轉為基層的政策執行者，除了重視政策執行過程實然面的解釋以外，並強調基層人員才是政策執行成敗的關鍵因素。

貳、由下而上途徑

第二代政策執行研究採取「由下而上」途徑，認為政策執行過程應該從提供服務的基層人員與接受服務的目標團體來觀察，才能更了解政策執行的實際現象（Berman 1978; Hjern and Porter 1981; Hjern 1982; Lipsky 1978）。Berman（1978）把政策執行分為聯邦的巨觀執行（federal macro-implementation）與地方的微觀執行（local micro-implementation）兩個層次。前者包含政策規劃與執行兩個領域，這是由聯邦政府、地方政府、非營利組織、顧客等等多元行動者所組成的連鎖互動。在這個互動的過程中，政治互動決定了誰得到什麼、什麼時候得到、以及如何得到（Berman 1978: 166）。巨觀的政策執行最大的問題，在於聯邦政府無法掌控地方執行機構，換言之，聯邦政府為了能讓政策順利執行，必須使地方執行機構的行為符合聯邦政府心意，然由於政策規劃者很難控制地方執行機構的行為，因此這個巨觀的政策執行結構對於政策執行的結果影響有

限。至於微觀的執行則專指地方基層組織提供服務的系統，Berman（1978: 172）認為這個階段最重要的就是如何把聯邦政策調整成符合地方執行的政策，大部份的政策執行問題都發生在這個階段，而這個階段也是政策設計者很難控制的階段。因此，Berman（1978: 176）便直言，「從地方的觀點來看，執行是指涉一個較為狹隘的過程－那是地方政策的實行，而不是聯邦政策的實行」

> "But from the local perspective, "implementation" refers to a narrower process—the carrying out of local policy, rather than the carrying out of federal policy."

所以，主張「由下而上」途徑的學者大都認為，要了解政策執行的原貌與困境，就應該從微觀的角度來探討基層執行機構內部的特質，以及跨組織行為對於政策執行結果所可能造成的影響，Hanf, Hjern and Porter（1978）的研究就是一例。

Hanf, Hjern and Porter（1978）針對德國與瑞典兩國人力訓練計畫執行成果的實證研究，是採取「由下而上」途徑的經驗研究代表之一。他們採用網絡技術，找出參與計畫執行的所有行動者，例如工會、政府職訓機構、地方政府、與私人企業等等，然後分析每個網絡的管理能力，例如計畫的能力、獲得資源的能力、以及進用與配置人力的能力。該研究以微觀角度，透過訪談來了解所有行動者對政策執行過程所產生的問題如何解釋，以及採取什麼策略來解決問題。此研究與第一代研究最大的不同，除了其微觀的角度以外，還把私人機構以及市場機制納入政策執行的討論範圍內，而且

由於該研究並非聚焦於政策目標是否達成的議題上，因此反而擁有較大的空間去探討政策的預期與非預期結果。研究發現該計畫的成功主要有賴於地方執行結構中，特定個人的技術，而不是在於中央政府的努力。

　　既然基層執行機關或人員是影響政策執行的重點，那麼到底這些機關或人員的哪些質素會影響到政策執行的成效？在此分為執行人員本身的特質以及人員間的互動兩方面。首先，就執行人員本身的特質而言，在 Palumbo, Maynard-Moody, and Wright（1984: 45）針對美國奧勒岡州執行 1977 年社區矯正法案（Community Corrections Act）的實證研究發現，基層政策執行者對於政策愈獻身支持，政策執行成果愈好。而且，政策執行者如何在採納（adopt）政策目標與修正（adapt）政策目標二者之間的權衡，也關乎政策執行的成功，該研究發現，愈能夠把政策目標轉化符合地方需求的執行單位，其執行的成果愈成功（Palumbo, Maynard-Moody, and Wright 1984: 50-51; 66）。通常，政策規劃者最擔心的，是基層行政單位修正政策目標的方向與原目標差距太大。這個差距受到很多條件的影響，例如政策目標的明確性，是否引發參與者間的衝突，社會資源的支持等等。若無這些條件的配合，政策目標被扭曲的可能性就會增加（Berman 1978; Sabatier and Mazmanian 1979）。其次，執行機關之間的互動，以及執行機關與顧客之間的互動，都會影響到政策執行的結果。互動過程包括共識的建立、相互影響與交換的過程、學習、衝突、權力的執行、以及所採取的策略等等（Hjern 1982; Hull and Hjern 1987; Matland 1995; Barrett 2004）。除了行動者間的互動

以外，影響這些互動與談判的環境脈絡也相當重要。例如，有哪些
行動者及利益在其中？他們的相對談判權力為何？價值衝突的程
度為何？（Barrett, 2004: 256）

　　第二代研究通常建議基層人員的應有彈性行政的權力，所謂的
彈性行政，不只是讓基層政策執行者有足夠的裁量權，將政策轉化
為適用於地方特殊的環境系絡中，還包括讓基層人員參與決策制定
的過程，這二者是影響政策執行的成功與否的要素（Maynard-Moody,
Musheno, and Palumbo 1990：835）。此外，此代研究也建議公共政
策應該與政策執行者的價值體系一致，這樣才能確保原始政策目標
的達成（Berman 1978）。

　　然而，以基層執行人員為主的研究途徑，仍面對不少的挑戰：

1. 「由下而上」途徑過度強調基層人員的影響力，強調實然面
   卻忽視應然面，更忽略了基層人員的政治代表性與民主的責
   信（democratic accountability）（Sabatier 1986: 31）。換言之，
   民主政府的權力來自民眾，所以由民選代議士所決定的政策
   目標具有民主基礎，然而基層人員並非民選產生，因此若基
   層人員本著行政裁量權擅自扭曲或修改政策目標，無疑是忽
   略了原定政策目標的民主特質。所以，基層的彈性行政必須
   符合原定政策目標，否則將產生一個缺乏民意基礎的政策結
   果。因此，分權制度必須在中央控制的系絡之中才能運作
   （Matland 1995: 150）。

2. 「由下而上」途徑過度強調基層人員的重要性、自主性、以
   及基層人員所採取的策略，卻低估了政策規劃者可以透過制

度設計來影響基層人員的行為、動機、以及策略（Sabatier
1986: 34）。政策規劃者或許無法巨細靡遺地規劃政策執行過
程，但是仍舊可以透過資源提供以及制度設計來規範基層執
行人員，換言之，基層人員即使有裁量權與自主性，既然是
來自於政策規劃層級的授權，自然也會受到來自上級的規
範。所以，政策的設計方式仍是影響政策執行的結果的重要
因素，而非完全是由基層執行人員所掌控（Matland 1995:
150）。顯然，「由下而上」途徑把基層人員所處的制度環境
視為既存的，而沒有考慮到為什麼會有這樣的制度環境，他
們觀察到基層人員的行為表象，卻沒有深究基層人員為何會
有這樣的行為，也沒有探究這個會影響基層人員行為動機的
制度環境與遊戲規則是由誰設計出來的。

3. 「由下而上」途徑完全忽略了政策規劃與政策執行之間的界
　限。首先，此途徑主張政策執行過程是由多元參與者共同完
　成，這種說法就如同主張政策過程中沒有決策點（decision
　point）一樣（Sabatier 1986: 31），但是在現實的政策過程中，
　儘管基層行政單位或是私部門在政策執行中的角色非常重
　要，甚至他們也多少涉及決策過程，但是畢竟政策的決定權
　仍然掌握在決策者手中。如果不是這樣，那麼為什麼即使在
　今日，仍會有基層單位或是私部門使用各種策略，運用各種
　資源，試圖要影響政府決策單位的決策？

　　其實，「由上而下」與「由下而上」兩種途徑基於不同的觀點發展，前者以效率為基礎，研究如何使政策規劃者有效規範政策執行者的行為，因此建議政策規劃時應確定政策目標以及績效衡量標準，使之成為規劃者管控執行者的工具。而後者則是以了解政策執行的實然面為基礎，研究執行者如何解決執行時所面對的問題，而非政策執行的結果。因此，嚴格說來，「由下而上」途徑並不太關心「政策執行」本身，而是關心特定政策領域中參與者之間的互動方式（Sabatier 1986: 36）。由於這兩種研究途徑各自的侷限性，政策執行學者開始試圖整合二者，也開始了以整合途徑為基礎的研究。

參、整合途徑

　　「由上而下」途徑企圖為政策執行提供一個規範性的指引，強調政策制定者對政策過程與執行的控制，但是卻無法解釋政策結果如何產生；政策的影響為何；以及政策制定者能如何控制政策的影響力，此外，該途徑也忽略了外環境對政策過程以及政策結果的影響程度。而「由下而上」途徑強調基層的重要性，並探討導致政策執行困難的因素，但是該途徑卻忽略了基層官僚缺乏民主責信，更無視於基層官僚的權限是來自於決策階層的事實。由於這兩種研究途徑在政策分析上各有侷限，因此，便有所謂第三代的政策執行途徑的產生，也就是整合途徑。此途徑顧名思義，就是試圖整合「由上而下」與「由下而上」兩種途徑，成為一種兼顧政策制定者與基

　　層政策執行人員的政策執行途徑。不同的學者基於不同的目的，以不同的整合方式為政策執行的分析途徑尋找出路。在此，將針對幾位具有代表性的學者在這方面的努力進行討論。

　　Elmore （1985）嘗試整合「由前往後」（forward mapping）與「由後往前」（backward mapping）兩種途徑，為政策分析者找尋一個較為完整的分析架構。整合兩種途徑的主要基礎在於 Elmore（1985: 37-38）認為，政策從規劃到執行的過程是由一連串連鎖的政治或行政層級所構成，每一個層級都掌握了該層級特有的、與政策執行有關的工具，而政策執行的成果端賴各層級在使用這些工具時的契合程度。雖然各層級都盡力發揮其所掌握之工具的功能，但是卻不一定能保證產生成功的政策執行結果。因此，Elmore（1985: 39-68）主張整合「由前往後」與「由後往前」兩種途徑，才能促進分析政策執行時的周延性。他分別用「由前往後」與「由後往前」兩種途徑分析兩個政策－能源保護（energy conservation）政策與青年就業（youth employment）政策。採用「由前往後」途徑分析政策時，會依序分析 1）政府打算採用哪種工具；2）哪些外部因素會影響這些工具的使用；3）哪些公私部門會參與政策執行；4）執行的目標團體為何；以及 5）預期的政策結果為何。若採取「由後往前」途徑，則會依序釐清 1）什麼決策對於政策問題會產生立即的影響；2）政府預期這些決策會產生什麼結果；3）哪些外部條件會影響這些結果；4）執行機構應該做什麼來影響這些政策結果；以及 5）對於政策制定者而言，有哪些工具是可利用來影響政策結果的。

　　與其說 Elmore（1985）整合了兩種途徑，不如說只是提出整合的重要性，而沒有將兩種途徑進行真正地整合。雖然用同時使用「由前往後」與「由後往前」兩種途徑可以更完整地分析政策執行過程，但綜觀全文，其重點仍在辯證「由後往前」的途徑可以彌補「由前往後」途徑的缺失，無怪乎 Elmore 在該文結論中仍不斷強調，政策的成功不只在於政策規劃者對執行工具的慎選，還必須從「由後往前」的觀點，了解政策執行者的影響力以及外環境的變數（Elmore 1985:69）。顯然 Elmore 的整合嘗試，只是綜合了兩種研究途徑，而非整合。

　　Sabatier（1986）基於理論建構的目的，試圖將「由上而下」與「由下而上」兩途徑的精華特質加以結合，建構一個可以分析長期政策執行的理論模型，也就是「倡導聯盟架構（advocacy coalition framework）」，然而該架構在應用上似乎更適合政策變遷的長期分析。Sabatier（1986: 39）的整合方式起始於「由下而上」途徑，釐清在各級政府中，涉及政策執行的公、私機構，以及其所使用的策略，再以「由上而下」途徑來補強，分析法律與社經因素的改變如何影響行動者的資源與策略；行動者如何藉由對政策法律面的操縱來達成本身的目標；以及行動者如何更加了解影響政策問題與政策執行結果的外在因素。Sabatier（1986）假設政策執行參與者會因著相同的價值理念組合成為數個倡導聯盟，也就是政策次級系統（policy subsystem），系統中的行動者包括政客、機構負責人、利益團體領導者、以及相關領域的知識份子。此系統的運作會受到不同因素的影響，首先是靜態的環境因素，例如政策問題的特性、資

源的分配、社會文化價值與社會結構、以及基本的制度架構。其次
是動態的環境變數,例如社會經濟條件與科技環境的改變、其他聯
盟的決策、以及系統治理聯盟架構的改變。此外,聯盟會策略性地
影響政府的政策方向,甚或改變政府的制度。當聯盟之間有利益或
策略上的衝突時,會有第三個聯盟-政策掮客(policy brokers),
來居中協調以降低衝突。

　　Sabatier(1986)的倡導聯盟架構呈現出一個具有回饋機制的
循環系統,聯盟間妥協的結果會影響政府政策的調整,進而影響政
策執行過程與結果,政策結果將改變政策環境,而政策環境會反過
來影響行動者間的資源分配,並進而影響倡導聯盟的運作。這個分
析架構雖然意在融合第一、二代政策執行分析途徑,但是在政策分
析的應用上似乎更適合用來解釋長期的政策變遷,而非政策執行,
因為該架構在描述次級系統的運作時,只說明聯盟間如何透過妥協
達成集體決策,進而影響政策方向與結果,但卻無法解釋聯盟間的
相互權力關係、聯盟間的妥協、以及聯盟的策略等等如何間接影響
政策結果,也無法提供預測政策結果的相關指標。這個架構雖然抓
住了「由下而上」途徑的精神,考慮到政策執行的次級系統,但卻
缺乏第二代政策執行理論所強調的重點,也就是執行機構影響政策
結果的過程。再者,該架構認為執行機構對於政策結果的影響力,
需要透過對上級政府決策的影響,而非透過政策執行直接影響政策
結果,這種論點顯然與第二代研究途徑相差甚遠。

　　Goggin et al(1990)用一個「府際政策執行溝通模型」
(communication model of intergovernmental policy implementation)

來整合第一代與第二代政策執行研究。由於 Goggin et al（1990: 15-16; 31）等學者致力於第二代政策執行途徑的應用之後，咸認為「由下而上」途徑的應用有其侷限，因而試圖用一種更為科學的方式來發展整合途徑。他們比較三種跨府際執行的政策，分別是「危險廢棄物政策」（hazardous waste policy）、「家庭計畫政策」（family planning services）、以及「都市廢水處理政策」（municipal waste-water treatment），分析為什麼執行者的行為會因著時間的不同、政策的不同、以及政府層級的不同而有變異，並試圖找出哪些利益、動機、與限制，會影響政治與行政菁英對於聯邦政策的詮釋，進而影響政策執行單位的實際執行。「府際政策執行溝通模型」是一個預測執行行為與解釋因果關係的架構，它包含了三類影響府際政策執行的變數，分別是來自聯邦政府的動機與限制（federal-level inducements and constraints）、來自州與地方政府的動機與限制（state- and local-level inducements and constraints）、以及決策結果與州的能力（decisional outcomes and state capacity）。基本上，政策執行的過程是一個資訊流動的動態過程，行動者如何型塑、送發、接收、與詮釋資訊，會影響到政策的執行結果。以聯邦政府而言，政策的內容、政策的型式、以及決策者之間的共識程度，都會影響州與地方政府對於訊息的接收與詮釋（Goggin et al 1990: 35-36）。而在州與地方政府的層級上，則強調州與地方上的政治（各方利益的協調與組織）會如何影響政策執行者的行為，換言之，各種地方利益的代表者透過政治的運作會將訊息傳達給政策執行者，透過執行者本身對該訊息的詮釋之後，其執行政策時的行為將受到影響（Goggin et al 1990:

36-37）。至於第三類的變數－決策結果與州的能力，則強調州政府的重要性，因為州政府是將聯邦政策付諸實行的重要層級，在政策資訊流動的過程中，州政府既是資訊的接受者，也是評估者，即使在這個體系中資訊的流通非常完美，如果沒有州政府將所接收到的資訊轉化成為決策，執行是不可能發生的。這個轉化的過程，就是一個詮釋的過程，此過程與決策者本身的特質以及決策者與外在環境的互動有關，當然也與州政府的執行能力有關，此架構把決策（decision）與行動（action）分開，州政府在採取行動執行政策，不只受到聯邦與地方偏好的影響，也受到本身組織與生態能力的影響，前者指涉州政府本身的結構設計、人事安排、與資源的使用，後者則是關乎州政府所處的社會經濟與政治環境（Goggin et al 1990: 38）。

有些學者（Berman 1980; Dunsire 1978; Matland 1995）採取權變的態度，不發展通用的整合途徑，而是討論研究途徑與特定政策的契合程度，換言之，就是認為不同性質的政策適合用不同的研究途徑來描述分析。Dunsire（1978: 65）認為 Pressman and Wildavsky（1973）的作品即使是第一個提出政策執行（policy implementation）一詞的研究，但是有關如何將政策付諸實行（execution）的分析討論早在 Barnard（1938），March and Simon（1958），Tullock（1965），以及 Downs（1967）等等研究中就出現了。在這些早期有關管理理論的文獻中，有強調管理控制的論點，也有重視基層裁量權的論點，只是當時並沒有「由上而下」或「由下而上」這樣的名詞出現而已。例如，「由上而下」途徑與 Dunsire（1978: 121~131）的「發

展的假設（developmental assumption）」類似，都認為政策執行的過程可以從發展的觀點分析，換言之，政策執行是一連串前後相互接替的連續過程，後面的階段決定於前面階段的本質。至於「由下而上」途徑則與其「整合的假設（aggregative assumption）」類似，係基於分工的觀點，認為政策執行過程中，每個具有裁量權的單位將其擁有的資源轉換為產出，而政策執行就是整合這些產出而來的。至於這兩種假設在現實政策執行分析上的應用，則視政策過程的階段而定（Dunsire 1978: 226），「整合的假設」比較適用於政策意識的型塑階段與政策落實於基層執行的階段，而「發展的假設」則適用於政策意識轉化成為政策方案的階段，因為這個階段較有前後的次序。

　　Berman（1980）認為不同的政策情況應該採取不同的執行策略，否則錯誤地採用不適當的策略會加重政策問題，所以應針對執行策略（implementation strategies）的選擇發展了一個權變的分析方式。Berman（1980:208-213）把政策執行的策略分為兩種，一為「定案式的執行」（programmed implementation），另一個為「適應式的執行」（adaptive implementation），而這兩種執行策略分別適用於不同的政策環境中。「定案式的執行」認定政策執行過程中的主要問題，係來自於（1）混淆的政策目標；（2）過多具有重疊權威的行動者；（3）執行者的抗拒與其無效果及無效率的執行。因此，「定案式的執行」強調決策者明確地設計政策執行的步驟，清楚而仔細地確定政策目標與責任歸屬，並且限制政策執行參與者的數量，給予執行者最少的裁量權，如此的政策設計，可以讓上述三個

政策執行的問題降到最低。至於「適應式的執行」,認定政策執行的問題來自於(1)過度詳細與精確的目標;(2)無法將相關的行動者納入決策過程;以及(3)對服務輸送者(deliverers)的過度控制(Berman 1980: 210)。因此,「適應式的執行」強調政策執行的過程應該是一個允許政策修正的過程,以使其適應執行單位的制度與習慣,所以政策目標不應該訂得過份精確。過分精確詳盡的政策目標,將使得利益相衝突的參與者很難達成共識,更遑論共同合作執行政策。

　　至於上述這兩種政策執行的策略在什麼政策環境之下可以被適當地採用,則可以從五個環境面向來判定,分別是政策參與者需要改變行為的幅度(scope of change)、政策技術或理論的不確定性(uncertainty of technology or theory)、政策目標衝突的程度(conflict over policy goals)、執行政策的制度結構(institutional setting)、以及環境的穩定程度(stability of environment)。Berman(1980: 214)認為,在下列五種情況之下,適合採取「定案式的執行」,反之則適合採取「適應式的執行」:(1)當執行者為了執行政策只需要漸進地改變行為;(2)政策所需的技術或理論是很確定的;(3)參與執行者對於政策目標與方法共識程度高;(4)執行架構是和諧的;(5)執行系統的環境是相當穩定的。從這兩種執行策略的重點與內容,不難看出兩者分別是依照「由上而下」與「由下而上」的研究途徑發展而來,該權變架構的應用內涵,與 Matland(1995)的整合嘗試非常類似,只不過在政策環境分析面向上有所不同。

Matland（1995）首先發現，第一代與第二代研究途徑的發展，是基於對不同類型政策的觀察，例如，「由上而下」途徑的研究對象大都是具有明確目標的政策，而「由下而上」途徑的研究對象則大都屬於不確定性較高的政策。其次，他批評政策執行相關文獻不斷地發掘影響政策執行的因素，卻不關心哪些因素在哪些情況下是較為重要的，也不探究這些變數之間的理論關係，所以他提供一個分析的工具以判斷「由上而下」或「由下而上」兩種途徑分別在何種情況下比較適用。這個分析工具就是「模糊／衝突模型（ambiguity/ conflict model）」，基於政策的模糊程度與參與者之間的衝突程度兩個面向，發展出四種分析政策執行的觀點，分別是適用於政策衝突程度低且模糊程度低的行政性執行（administrative implementation）、衝突程度高但模糊程度低的政治性執行（political implementation）、衝突程度低但模糊程度高的實驗性執行（experimental implementation）、以及衝突程度高且模糊程度高的象徵性執行（symbolic implementation）。

肆、小結

研究政策執行的理由，不外乎下列數種：（1）解釋政策為何會成功或失敗；（2）了解政策結果的可預測性；（3）提出規範性政策設計的建議；（4）提供研究多元行動者與跨組織活動一個研究途徑（Schofield 2001:247）。雖然眾多學者們努力整合政策執行兩種途徑，但是似乎至目前為止研究焦點仍然分歧。Elmore（1985）認為

任何的政策都可以從「由上而下」或「由下而上」的途徑來分析，不同的分析方式會有不同的研究脈絡，也會產生不同的洞見，如此一來，似乎整合兩種途徑不再是必要的。採取權變觀點的學者（Berman 1980; Dunsire 1978; Matland 1995），提醒我們不同的政策特性或政策執行階段應該採用不同的研究途徑，因此，他們會把影響政策執行的因素化約成為較為簡單清晰的觀察面向，然而，這樣的研究方式會出現以下幾個問題，一是觀察面向過度簡單，無法徹底了解或詮釋政策執行複雜的實然面，二是該方法在應用之前，必須先針對政策的本質進行高低程度的衡量，或是先針對政策執行過程進行階段的劃分，然而這些前置作業都相當不易，而學者們也沒有提供明確的分析方式。至於 Sabatier（1986）則是把研究政策執行的焦點擴大成政策變遷，政策執行顯然成為政策變遷中的重要機制，然而此分析對於政策執行研究的貢獻似乎不如對政策變遷的研究來得大，而且對於政策執行結果的也不具有解釋或預測的能力。

　　本文相信，政策執行的研究，最重要的在於了解政策執行的果效，而探討政策執行的影響因素對於執行結果的解釋是相當重要的。因此，本文試圖以整合途徑為基礎，從政策執行的靜態架構與動態過程，探討影響政策執行結果的要素，並隨著政策執行研究途徑的發展軌跡，分析這些要素意涵的轉變。靜態架構分為兩個部份，分別是政策執行架構以及政策本質。至於動態過程，則指涉政策執行的過程以及政策學習。

第二節　政策執行影響因素的意涵轉變

壹、政策執行的靜態架構

本段中所討論的靜態架構分為兩大部份，一為執行架構的本質與型態，討論政策執行的架構、基層的行政裁量權、以及架構內資源的分配；二為政策本質，討論政策本身的特性。

一、執行架構的本質與型態

（一）政策執行架構

1. 第一代研究中的執行架構

所謂的政策執行架構，就是一個政策輸送的系統，這個系統是由所有參與政策執行的單位所組成的。在第一代政策執行理論中，執行就是行政，而行政與政治是分離的，因此，論及政策執行時，大都從行政的角度出發，討論如何讓行政過程可以被上級機關控管以達到預定的政策目標。因此，所謂的政策執行架構，被籠統地等同於單一的政策執行單位，即使政策執行是經多元組織的合作所完成，跨組織的執行概念也很少成為討論的焦點。

2. 第二代政策執行研究中的執行架構

近代政策執行參與者的多元化是不爭的事實，這也使得跨組織或跨層級的政策執行逐漸成為不可避免的討論焦點（Hanf, Hjern and Porter 1978; Hjern and Porter 1981）。在第二代研究中，所謂的政策執行架構已不再只是單一的執行單位，而是由多個參與執行的機構所組合而成（Hanf, Hjern and Porter 1978），這個架構可能只是地方的服務輸送系統（微觀的執行），也可能是多層級的，包括政策規劃者至基層執行者的整個政策領域（巨觀的執行）（Berman 1978），不論是否包含政策規劃者至執行網絡中，第二代政策執行的研究把政策執行系統視為一個政策鏈（policy chain），而不從層級節制（hierarchy）的觀點來觀察（Lipsky, 1978: 395）。在這個政策鏈中，參與政策執行的行動者是研究的焦點。

　　分析參與政策執行之行動者時，第二代研究通常聚焦於釐清參與者與其在執行架構中的功能（Hanf, Hjern and Porter 1978）、參與者的動機（Hjern and Porter 1981）、對政策的認知（Hjern and Porter 1981）、以及執行政策的態度（Palumbo, Maynard-Moody, and Wright 1984）。很明顯的，第二代研究非常強調多元行動者之間的分殊性，也就是認為行動者之間不一定有共同的目標（Lipsky 1978: 399），所以了解個別行動者在參與政策執行時所抱持的目標、動機、認知與態度，無疑是相當重要的。

　　由下而上途徑相信，多元的行動者各自帶著不同的目標與動機參與政策執行，其參與的動機可能是基於互惠的考量（資源交換的觀點），也可能是受迫於執行架構中權力較強者（權力依賴的觀點）（Hjern and Porter 1981: 220），前者的參與自願程度顯然比後者高，但是行動者的參與也可能或多或少同時包含了這兩種意涵。正如 Hjern and Porter（1981:220）所言，若欲描述政策執行架構的形

成，單靠資源交換觀點或是權力依賴觀點都不足以完整呈現執行架構。

此外，行動者對於政策的認知與執行的態度，將直接影響政策執行的結果（Hjern and Porter 1981: 221; Palumbo, Maynard-Moody, and Wright 1984: 66; O'Toole 1986: 189）。認知是指行動者對於政策的看法與觀點，而此觀點會影響執行政策的行為與態度。行動者的認知並非存在於真空，而是與組織文化甚至社會價值體系息息相關，由於認知難以被具體呈現，因此第二代研究通常會以行動者對於政策目標的認同程度，來操作化行動者對於政策的認知（Hjern and Porter 1981: 221）。

上述行動者的特質與執行架構的密合程度有關，當行動者之間在目標、認知、與態度上的差異極大，而且權威與資源分散於各行動者時，政策執行架構較容易流於鬆散，因此增加政策執行的不確定性與困難度，特別是行動者數量愈多時，執行所產生的問題就會愈多（Berman 1978: 166）。此外，第二代執行研究對於政策執行架構所處的外環境相當重視，認為分析政策執行過程時，應該把其背景因素一併分析，才能更臻周延。

3. 第三代研究中的執行架構

關於政策執行架構的討論，第三代研究採取權變途徑，認為政策執行架構與政策問題之間的吻合程度對於政策結果會有影響（Hjern and Hull 1982; Scharpf 1978; 1986; O'Toole 1993），簡言之，不同的政策問題在不同的執行架構之下，應該採取不同的執行

模式。第三代研究所認為的執行架構,是一個同時囊括垂直與水平的府際與部際執行架構,既不過度偏重政策規劃單位,也不過度偏重基層執行單位,而且不論公私部門,只要參與政策執行,就是執行架構中的行動者。所以,雖然過去的執行研究認為執行架構中行動者是否認同政策目標是影響政策結果的重要因素,但是第三代研究則不如此認為,因為沒有哪一種類型的執行架構是完美而適合所有政策問題的,重要的是如何在不同的政策問題與執行架構中,找出適合的執行模式。O'Toole(1993)的研究正說明了,即使行動者皆認同政策目標,並且彼此和諧相處,也不能保證政策執行的成功。O'Toole(1993)研究美國環境保護局(U.S. Environmental Protection Agency)廢水處理場興建政策的執行發現,即使一個政策受到多元執行機構的支持,且執行機構也普遍認同政策目標,這樣仍無法保證良好的政策結果,因為政策架構內的行動者日趨多元,即使他們都認同政策目標,但由於不可能完全忽視本身的目標,再加上行動者會為了因應外環境的變遷而各自採取不同的策略,因此使得政策執行架構與政策執行結果之間的關係不是那麼絕對(O'Toole 1993: 247)。

第三代研究非常強調政策輸送系統中的次級單位(subset),也稱為次級系統(subsystem)。Hjern and Porter(1981: 222)認為,通常執行一個政策時,需要來自不同組織的次級單位共同完成,因此,所謂的執行架構,應該是由不同組織的次級單位所組成。而且,這些次級單位可能同時來自於公、私部門,所以,這個架構不再是傳統的官僚系統,是一個非官僚結構的系統,因此正式權威的影響

力相當有限，而非權威式的溝通與互動成為達成政策目標的重要模式。基於這些發現，Hjern and Porter（1981: 211）強調政策執行的分析應該植基於多元組織的分析觀點（multiorganizational analytic perspective），而非傳統的單一組織觀點。Sabatier（1986; 1988; 1991; 1993）也談政策的次級系統，他集合了「由上而下」與「由下而上」兩個途徑，再融合政策學習（policy learning）與精英信念系統（elite belief systems）的概念，發展了一個政策變遷的概念架構——「倡導聯盟架構」。這個架構強調的就是政策次級系統會透過政策執行的過程影響政策結果進而導致政策變遷。Sabatier（1993: 18-20）認為，多元行動者會因著共同的規範性信念，或是對於因果關係的解釋，而結合在一起形成一個倡導聯盟。每一個聯盟都會採取策略來進行制度上的創新以達到政策目標。若各聯盟之間在策略上有衝突，則需要靠政策掮客（policy broker）來居中協調。倡導聯盟中行動者的行為受到兩個外在因素影響，第一是相對穩定系統參數（relatively stable system parameters），指涉政策問題的本質、自然資源的分配、基本的文化價值與社會結構、以及基本的法律結構；第二是系統外部事件（external system events）（Sabatier 1988:132; 1993: 20-23），指涉社會經濟與科技、系統治理聯盟的改變、以及來自其他次級系統的政策決定與影響。簡言之，第三代研究不但把政策執行架構從單一機構概念轉為多元機構概念，也從正式的官僚架構轉為非官僚架構，而且也強調執行架構與外在環境的互動。

（二）行政裁量

　　行政裁量於第二代研究開始受到重視，成為影響政策執行結果的要素，Lipsky（1978; 1980）認為第一線行政人員在直接面對服務接受者時，他們對於政策目標的詮釋以及其裁量權的大小，都會影響服務提供的品質，進而影響政策執行的成效，特別是需要與大眾直接接觸的服務輸送者，例如社工人員、老師、警察等等，他們的行為更是關係到政策執行的成效。Sabatier（1991）甚至認為基層人員對於政策結果的影響遠勝於決策制定者，因為他們有著直接接觸顧客的機會與行政裁量權。Mazmanian and Sabatier（1983）相信，給予基層人員裁量權，可以平衡層級節制帶來的僵化，也可以使政策執行更具有革新與創新的空間。Palumbo, Maynard-Moody, and Wright（1984: 54）甚至直言，一個成功的執行必須要能夠超越層級節制，並且要實質授權給基層執行人員。基層人員的裁量權不只在於面對顧客的行政作為上，也在於針對各項任務的優先順序排列上，特別是在資源有限的情況下，再加上上級單位無法有效監督基層的執行時，基層人員在各項任務的優先順序安排上就容易有彈性選擇的空間（Lipsky 1978: 440）。

　　儘管基層的裁量權確實關係到政策執行的結果，但是有關裁量權所引發的問題卻不應迴避（Barrett and Hill 1984; Burke 1987; Van Meter and Van Horn 1975），例如，基層行政人員是否喜歡裁量權？如何透過治理、命令、控制、或課責來制衡裁量權所可能導致的負面影響？過度的裁量權是否傷害民主課責的本質？此外，裁量權是

否有利於所有的政策情境？例如，裁量權或許在某些談判場合中較受歡迎，因為充足的授權使談判者有較大的談判空間，可隨著談判的發展而採取權變策略（Barrett 2004: 256），但是在某些政策執行場合中則不然，像是有些長期分析社會福利政策的學者，對於基層裁量權採取質疑的觀點（Bacharach and Lawler 1980; Lipsky 1980; Prottas 1979），因為社會福利服務重視平等，而過多的行政彈性使基層人員有機會隨性提供福利服務，如此容易傷害平等原則，所以採取這種觀點的學者一般都主張限制基層的裁量權。不只如此，基層人員若為了反抗由上而來的控制，而利用裁量權來扭曲甚至推翻政策原意，這更社福相關人士最不願意見到的。

　　這些對於基層裁量權的質疑，似乎沒有引發太多的後續討論，特別是在第三代研究中，雖然沒有再刻意強調基層裁量的重要性，但是也沒有針對裁量權所受到的質疑進行解套，不只如此，行政裁量似乎不再成為重要的變數。誠如前述，第三代研究試圖發展的是一個完整而權變的研究架構（Elmore 1985; Sabatier 1986; Goggin et al 1990; Matland 1995），不再微觀地分析行動者的作為，因為第三代研究相信，對於政策執行系絡（包括政策環境、政策制定單位與執行執行單位的平行互動等等）採用巨觀分析，才能為政策執行理論發展找到出路，或許這是行政裁量的討論在第三代研究中幾近消失的原因。

（三）資源

資源包括人員、技術、資訊、權威、與設備等等，即使政策設計完整，而且執行架構中參與者之間溝通無礙，但若缺乏執行政策的資源，要達成政策目標將猶如天方夜譚。因此，所有政策執行研究都不否認資源是影響政策執行結果的要素。雖然如此，各代研究對於資源的功能，仍有不同的觀點。

第一代研究中，提供資源的主要目的在於控制（Edwards 1980: 81; Mazmanian and Sabatier 1989: 26），上級單位透過本身的權威與資源提供的機制，可以確保基層單位的服從。例如，權威當局利用有效的懲罰機制，像是減少財政補助等方式來威脅執行單位，就可以確保政策執行更有效率（Mazmanian and Sabatier 1981: 55-56）。此種懲罰機制具有兩種功能，其一是讓政策執行單位更謹慎服從原訂的政策目標與指導原則，其二是讓政策執行單位面對群眾施壓抗拒時，可以直接告訴群眾這是迫於上級的壓力，如此可減少基層單位執行政策的阻力。此外，第一代研究中與其他研究最大的不同，在於對監控人力與監控技術的強調，因為監控人力的不足或監控技術的缺乏將使上級機關無法保證原定政策目標不被基層扭曲。

第二代研究在資源的分析上與第一代最大的不同，在於資源的原始配置情況。第一代研究認為資源集中於上級機關，是上級機關用來控制基層的工具，而第二代研究則認為資源散佈於執行架構中的所有行動者，強調基層也擁有重要資源，所以，第一代研究聚焦於上級機關如何透過資源提供來控管基層單位，而第二代研究則聚

焦於行動者如何獲得資源，以及整個執行架構如何動員資源（Hanf, Hjern and Porter 1978）。資源的來源不一，可能是行動者因職務的特性而自然獲得，例如社工人員對於顧客的熟悉程度或是顧客對社工人員的信任程度，也可能是直接來自上級機關，例如由上級機關的撥款補助或是授權。此外，資源是可以被動員的，因為資源分布在多元行動者間，並非集中在單一或少數的行動者身上，所以，執行架構中資源的動員關係到政策執行成果，一個有能力動員資源的行動者，將在執行架構中自然而然成為領導者。

有趣的是，第二代研究雖然強調基層也擁有不容忽略的重要資源，但畢竟執行政策時最重要的財務與權力仍掌握在上級單位，因此，第二代研究對於基層的強調似乎企圖為基層爭取更多的資源，例如 Porter（1976：82-83）所言，因為地方政府提供民眾服務時，同時具有二元的角色——回應地方民眾的需求；以及回應上級機關（州或聯邦政府）的立法，所以，中央政府應該給予地方政府足夠的資源以實行中央政府規劃的政策。當時他便主張透過「一般稅入共享」（General Revenue Sharing）讓地方政府更能在府際行政中發揮功能。

第三代研究對於資源的分析，大致承襲第二代多元行動者的觀點，最大的不同在於第三代研究把更多的行動者囊括於政策執行架構中，除了垂直與水平的府際與部際架構，還包括了利益團體、法院、地方的服務輸送系統、顧客、甚至個別的行動者，形成一個相當複雜的執行網絡（Berman 1980: 218），網絡成員各自擁有不同的資源，而透過資源的交換可以達成政策目標。另一個不同之處在於

整合途徑學者相信，社會經濟環境的變遷會影響行動者所擁有的資源，因此分析政策執行過程時，應該考慮到外環境對資源的影響Sabatier（1986）。雖然資源是政策執行不可或缺的要素，但是在第三代研究文獻中幾乎不見資源被特別突顯，好似背景般地存在著。例如 Goggin et al（1990: 38）在其「府際政策執行溝通模型」中，用「組織能力」（organizational capacity）這個變數涵蓋資源，而Matland（1995）則認為只有在衝突少而政策目標清楚的情況下，由上而下的資源提供對於政策結果才會有決定性的影響。

二、政策本質

第一代研究中的政策本質可以從下列幾個面向觀察，即政策目標的明確性與一致性；政策方案優先順序的確定性；政策設計的邏輯性；以及政策任務與指定執行機構之間的契合度。政策本質在第一代研究中被認為攸關執行成效，所以政策規劃時就應該設計具有可行性與易行性的政策。誠如 Bardach（1977: 6）所言，政策設計是政策過程中最重要的階段，唯有在政策設計時，想辦法避免執行可能產生的困難，政策執行才有可能成功。基於「由上而下」的觀點，如果政策目標明確，目標之間沒有衝突，而且政策方案的優先性非常清楚，那麼較容易使政策執行者了解政策走向，確保執行單位不會延遲政策執行，並依照政策目標來執行政策。不只如此，有了清楚的目標界定，也可以幫助執行者以及監督者更容易檢視政策執行成果與預定目標之間的差異性，有助於政策執行之後的檢討與評估（Berman 1978; Bullock 1980; Ripley and Franklin 1982;

Mazmanian and Sabatier 1981; 1989）。此外，政策設計的因果邏輯
（Mazmanian and Sabatier 1989）也會影響政策執行的成效。所謂
的因果邏輯指涉兩個面向，一個是政策設計本身的邏輯性，也就是
政策是否能夠解決所欲解決的政策問題，二是政策中所規定的任務
與指定執行機構的能力是否符合，如果不符合，即使執行者認同政
策目標並有意願服從政策方向，政策執行也會產生困難。

　　第二代研究強調基層人員彈性行政的重要性與必要性，認為第
一代研究中所謂清楚一致的政策目標容易使基層執行者無法充分
發揮技能，特別是當政策執行過程中，需要基層執行者與非政府資
源擁有者之間建立良好互動關係時，過度清楚與絕對的目標反而容
易使執行者感覺掣肘（Hjern 1982: 303）。這個時期的學者認為，政
策目標的本質若是含混不清或是引發歧意，那麼執行制度的設計就
應該傾向分權。這種說法是基於 Simon（1965）的有限理性說，因
為人們的理性有限，所以政策問題越是複雜而含混不清時，上層機
關就越無法在政策規劃階段就做出完整週延的規劃，因此就越需要
把政策細分為較容易理解的幾個部分，由執行者根據其在地方上的
經驗來完成（Porter 1976: 90）。因此，第二代研究中的政策本質與
第一代最大的不同，除了是不再主張政策設計應該以促進基層的服
從為主之外，也不再認為政策目標的一致性與明確性是必須的，此
外，第二代研究認為有關政策本質的研究應重視政策設計對於執行
人員行為的影響，從下面兩個實證研究就可以看出這個趨勢。

　　Weatherley and Lipsky（1977）研究美國麻塞諸賽州特殊教育
改革政策的執行，發現政策與制度設計會影響基層人員的行為。由

於麻州各個地方學區的獨立性與自主性，本已使得學區之間很難產生教學心得的分享與交換，若再加上政策設計使學區之間彼此競爭聯邦資金，會更降低各學區基層人員共同解決教學困境的動機。該研究發現麻州學區各自發展一套評估與控制教學品質的系統，導致州內特殊教育改革政策執行得混亂不堪。因此，Weatherley and Lipsky 主張政策的設計不應該聚焦於對基層人員是否服從政策目標的監控，而應該強調如何幫助各個學區共同解決執行的困境以改進服務品質。Maynard-Moody, Musheno, and Palumbo（1990）則研究美國奧勒岡州與科羅拉多州之社區矯正政策的執行，前者的制度設計採取傳統的官僚層級節制，地方執行人員受到上級機關的嚴密監控，而後者則採取分權原則，地方執行人員甚至在財務的運作上有相當的決定權，而且上級機關與地方執行人員之間的互動如同夥伴一般。在兩種迥然不同的制度設計之下，研究發現以分權為原則的科羅拉多州，其政策執行人員對於該政策的投入程度比採取傳統層級節制的奧勒岡州高。所以，該研究建議，社會政策（尤其是政策目標混淆程度較高的政策），應該讓基層的服務提供者有較大的裁量空間，才能有助於政策的執行。此外，Pressman and Wildavsky（1984）認為，政策設計也會影響執行者在執行過程中的學習，政策的設計應該讓執行者有充分的時間從政策評估中學習，才有可能改進政策執行的品質。有關這個議題將在「政策學習」的部分有深入的討論。

　　第三代政策執行研究並不強調政策本質的規範性內涵，而是把政策本質視為影響執行成果的眾多因素之一（Goggin et al 1990;

Sabatier 1986），或是政策執行的背景要素（Berman 1980; Matland 1995）。其中，Goggin et al（1990: 174-178）承襲第一代研究的觀點，把政策的明確性與一致性視為上級機關（聯邦政府）的責任，也就是說，上級機關是否清楚地制定政策目標，關係到訊息是否能正確傳達至執行機關，進而影響政策執行的結果。至於採取權變途徑的學者，只把政策本質視為政策執行的背景，而非影響政策執行成果的因素，對於權變途徑的學者而言，因誤判情勢而採取錯誤的執行途徑，才是導致政策執行成果不彰的主要原因。例如，Matland（1995）把政策目標與手段的明確性視為選擇政策執行途徑的兩個判斷標準之一。而 Berman（1980）只把政策本質視為不同類型的政策執行途徑所選擇的不同策略，例如，採用「定案式的執行」時，通常會把政策目標制定得相當清楚詳細，不僅目標明確，政策執行的步驟也都規劃得相當清楚，儘量減少混淆與誤會的發生，而採用「適應式的執行」時，因為重視的是行政上的彈性，因此政策目標通常保持含糊，使參與執行的行動者有較大的發揮空間。

貳、動態的政策執行過程

一、政策執行的過程

　　政策執行是由一連串為達成政策目標所採取的行動所組成的動態過程（Van Meter and Van Horn 1975: 447-8），這些行動包括決策制定、溝通、談判、與衝突（Schofield 2001: 254）。雖然各階段

的政策執行研究都把政策執行視為一個動態的過程，但是討論重點卻不相同。

　　基於規劃與執行二分的觀點，第一代研究認為決策制定係屬政策規劃的一部分，而非政策執行的一環，為了確保執行單位認同政策目標並順從政策原則，由上而下的溝通是相當重要的。因此，在政策執行的動態面上，第一代研究聚焦於上級機關對下級機關的政策訊息傳達，換言之，上級機關若能清楚地傳達政策目標與原則給執行機關，就能幫助執行機關確實地執行政策。所以，第一代研究通常建議政策規劃單位建立與下級機關的溝通管道，以利政策訊息的確實傳達。

　　此外，在第一代研究中，Bardach（1977）是將談判與協商明確定義為政策執行動態過程的學者，他認為政策執行的過程就是一場各方利益相互角力的競爭遊戲，所以執行過程中的交換與談判會比權威或處罰還要頻繁。在 Bardach 所謂的執行遊戲（implementation game）中，充滿了利害關係人之間的競爭、衝突、談判、妥協、策略、以及隱含或外顯的遊戲規則。雖然如此，Bardach（1977:56）還是很明顯地表示，他企圖把「控制」這個概念融入執行遊戲中，透過談判與說服等等策略來完成執行遊戲，而遊戲規則在政策設計階段就應該加以規劃清楚，以降低衝突的負面影響。顯然，秉持「由上而下」途徑的學者認為衝突是可以在政策設計階段就加以預測與減緩的，也就是說，政策規劃單位在設計政策時，就應該預測該政策可能導致的衝突，並儘量極小化這種衝突（Berman 1980）。對於

第一代研究而言，與其說衝突是一個政策執行動態過程中的一環，不如說他只是一個透過資源或誘因提供等方式可以控制的變數。

第二代研究從政治面向觀察政策執行過程，認為衝突是無法由政策規劃單位操控的。所謂的衝突，可以是基層執行單位本身的價值體系與政策目標不同，或是所有參與執行機構之間的利益衝突，無論何種衝突，都無法透過政策設計事先加以預防，一方面是因為人類的有限理性，使得決策者無法在政策設計階段就把可能發生的衝突考慮周全，另一方面則是基層執行人員的日常行政不可能完全受到上級機關的監控，若再加上政策目標與基層單位的價值體系互相違背，要透過誘因的提供來改變維持已久的價值體系非常困難，因此，大部份的衝突都很難透過由上而下的控制來預防或化解。正因為衝突無法透過政策設計事先加以預防，所以第二代研究會建議讓基層執行單位參與決策過程，使基層人員有機會將其實務經驗轉化為對政策制定有益的知識，如此便可減低基層單位價值體系與政策目標衝突的可能性。再者，為了減緩執行架構中的利益衝突，行動者之間需要透過談判與協商來達成共識，進而提升彼此合作的意願。

此外，第二代研究觀察到政策執行架構由多元行動者組成，為了維持這個架構的動態運作，利益或資訊的交換以及權力的相互依賴是不可或缺的要素（Hjern and Porter 1981: 220）。溝通就是一種訊息的交換，Hanf, Hjern and Porter（1978: 333）認為執行架構中需要大量的資訊交換，這需要所有參與組織共同輸入資訊並交換資訊，而一個有效率的政策執行架構，應是一個有能力分析資訊的架構。

　　第三代採用整合途徑的學者，承襲第二代研究對於動態政策過程的觀點，相信政策過程是由多元行動者所共同完成，而且這個過程充滿了溝通、衝突與談判協商等行動。然由於第三代研究多聚焦於發展整合模型，因此針對政策執行動態過程的討論反而不及第二代研究來得多。其中，採取權變觀點的學者把衝突視為選擇適當的政策執行模式時所使用的判別標準。例如 Matland（1995），把衝突當作選擇政策執行途徑的兩個衡量標準之一；而 Berman（1980）則是把政策執行參與者在政策目標上的衝突程度視為選擇「定案式的執行」或「適應式的執行」的五個情境參數（situational parameters）之一。Elmore（1985）雖然不是採取權變途徑，但是在整合「由前往後」與「由後往前」兩種政策執行途徑時，並沒有針對政策執行的動態過程著墨太多，即使論及政策執行過程中多元行動者之間不可避免的衝突，以及解決衝突所需要的談判與協商（Elmore 1985: 38），但都只是約略帶過，在個案的分析中則很少再提及。

　　試圖把政策執行過程化約成動態溝通過程的學者首推 Goggin et al（1990），他們發展的「府際政策執行溝通模型」融合了溝通理論與政策執行途徑，把動態的政策過程化約為三大元素－訊息、訊息的發送者、以及訊息的接受者，而所謂的政策執行，是在參與者對於訊息的解讀、吸收、並將之轉化為日常作業模式中完成的。該研究發現，政策是否能夠被順利而無誤地執行，通常受到幾個要素影響。首先，政策訊息被發送時，必須清楚一致，並且常常被反覆提醒；其次，訊息的接收者必須相信這個政策是解決問題的有效方法，並且信任這個政策訊息的可靠性與合法性；第三，政策訊息

必須伴隨著執行政策的資源。其實，第二代與第三代研究對於政策執行的動態過程基本上持著相同的觀點，也就是認定政策執行是一個由多元行動者所組成之複雜而動態的過程，行動者各自帶著不同的利益、資源與目的進入這個網絡中，因此網絡中的資訊交換與談判妥協等等行為，都會影響政策執行的結果。然相對於第二代研究的政治觀點，第三代研究從巨觀的角度整合政策規劃與執行單位之間的關係，並且試圖在分析中囊括政策環境因素，使得政策執行的動態過程不但包含了政策規劃層次，還包含了與外環境之間的互動。

二、政策學習

　　政策學習的概念可以從兩個方面來探討，一方面是政策學習的定義，另一方面是政策學習的目的。Heclo（1974）可以說是最早對於政策學習做出具體定義的學者，其認為政策制定就是一個學習的過程，所謂的學習就是獲取知識與應用知識，而政策學習就是政府基於以往的經驗，對於政策環境的刺激所做出的回應。在政策執行的文獻中，對於政策學習的討論相當有限，而且大都認為政策學習與政策執行成果有關，換言之，政策學習是改善政策執行結果的工具之一（Pressman and Wildavsky 1984; Greenberg and Robbins 1986; Sabatier 1986; Linder and Peters 1989）。追溯政策執行文獻最早提及學習之重要性的學者，是第一代研究的 Pressman and Wildavsky（1984: xviii），他們認為政策執行與政策評估的連結點就是學習，簡言之，政策評估的目的，就是使政策執行人員從評估

的結果中，找出執行過程的瑕疵，以藉此改進執行的方法與策略，並進而改善政策執行的結果。然而，要建立政策過程中的學習機制，責任顯然在於政策設計者。以 Pressman and Wildavsky（1984）的研究而言，發現美國經濟發展署執行奧克蘭計畫失敗的其中一個重要原因，就是政策規劃時沒有設計出一個讓所有參與者學習的機制，由於整個計畫執行時程相當匆促，使執行者沒有足夠的時間針對各種方案做充分的分析。Pressman and Wildavsky（1984: 126）便舉例說明，當選擇方案 X 的原因只是因為沒有時間去評估方案 Y 與 Z 的可行性，那麼我們就無法從中學習如何在 X、Y 與 Z 三種方案中做出最好的選擇。誠然，學習是需要時間、資源與動機的，如果政策活動的設計無法提供這些幫助學習發展的要素，政策過程中就很難有學習的產生。

政策學習在第二代研究中幾乎沒有被具體地討論過。到了第三代整合途徑的研究中，對政策學習著墨最多也最具代表性的，就是 Sabatier（1986, 1988, 1991, 1993）在建構「倡導聯盟架構」時對政策學習的討論。Sabatier 認為政策導向的學習（policy-oriented learning）對於聯盟的運作非常重要，而所謂政策導向的學習，就是行動者為了達到或修正政策目標，從經驗中所發展而來的行為、意向、與思想上的改變。聯盟中的行動者在互動中學習如何衡量問題的嚴重性以及問題的起因，並且尋求適當的途徑來解決政策執行時所面臨的挑戰與問題（Sabatier 1993: 19-20）。所以，學習是一個動態的過程，透過學習，行動者會更加了解政策目標，隨時監控影響政策目標的重要變數，確實掌握政策執行的成果與目標之間的距

離。此外，學習更粹煉行動者價值系統中的因果邏輯，尋求影響政策目標的關鍵因素。當然，學習也使得行動者知道如何回應外界對於其中心思想的挑戰，也就是透過些微的、次級觀點（secondary aspect）的修正，以換取主要信念的屹立不搖（Jenkins-Smith and Sabatier 1993: 42-43）。

既然學習在政策過程中如此重要，那麼有哪些因素會影響政策學習？Jenkins-Smith and Sabatier（1993）指出至少有三個因素與政策學習息息相關：

1. 聯盟間衝突的程度（level of conflict）：當聯盟間的衝突升高，特別是聯盟成員感受到本身的價值體系受到挑戰時，會刺激聯盟成員投入更多的資源來捍衛本身的信念，即使對方的挑戰是很客觀的，但是由衝突而來的刺激會降低聯盟成員對於挑戰的包容力，如此一來，就難有學習產生，因為學習就是信念系統的修改，當聯盟成員越是捍衛自己的信念，那麼信念系統的改變就越不可能。

2. 議題的分析難易度（analytical tractability）：學習的產生來自於信任，換言之，要促成聯盟成員的學習，必須提供足以令其信服的資料分析。然而，當議題愈複雜，因果關係愈模糊，甚至牽涉多元而衝突的議題時，就愈難做精確的分析，也愈難說服聯盟成員接受這樣的分析。因此，成員的學習就愈不容易產生。

3. 分析討論的本質（the nature of the analytical forum）：要激發聯盟成員的學習，公開的政策討論是最佳方法，唯有廣納各

方意見，並邀請受過專業訓練的專家參與輔導，才不會產生過度偏差的結論。

學習代表著行為、意向、與思想上的改變，第一代研究認為學習機制的設計是政策規劃者的責任，而且所謂的學習是透過行動者對議題的分析而來，因此，只要有充足的時間與資源，就會激發學習。而第三代研究則認為學習係透過行動者間的互動產生，行動者間的價值衝突、議題的性質、或成員的互動方式，都會影響學習的成效。顯然，第三代研究中的學習，不但比第一代研究囊括了更多動態的質素，也受到較多環境變數的影響。

第三節　結論

本文將政策執行影響因素分為動態面與靜態面兩類，探討個別要素在不同時期政策執行研究中所呈現的不同意涵。有關靜態面與動態面的要素意涵轉變整理如下：

壹、靜態面的要素

1. 政策執行架構：從第一代的單一執行機關，轉變成第二代的多元執行機構，至第三代的府際部際網絡，可以看出執行架

構愈趨複雜，不但包含了正式的官僚層級，也包含了過去被認定為外環境的市場機制以及顧客。

2. 行政裁量：第一代研究主張限制基層的行政裁量權，若上級機關不得不授權給基層執行機關時，要在嚴密監控之下進行。第二代研究強調裁量權的重要性，認為基層執行人員的裁量權直接影響了政策結果，與第一代研究不同的是，裁量權在第二代研究中指涉的內容更廣泛，包括了基層執行人員的作為與不作為，基層人員可以排列任務的優先順序，將某些不受自己重視的任務給予無限制的延遲。雖然基層裁量權引起某些質疑，但是第三代研究並沒有針對裁量權進行更深入的討論。

3. 資源：政策執行各階段研究對於資源內涵沒有太多歧見，但是對於資源分配卻持不同的觀點。第一代研究認為資源集中於上級機關，而資源的提供是上級機關控制下級機關的重要工具。第二代研究主張資源分布於所有參與政策執行的行動者之間。至於第三代研究則承襲第二代研究的概念，認為資源廣佈於執行網絡行動者間，只是網絡架構更為複雜，行動者更趨多元，而且注意到外環境對資源分配的影響。

4. 政策本質：第一代與第二代研究在政策本質的認知上，差異最大的部份在於前者認為政策應該具有清晰一致的政策目標，使執行者容易遵循，但是後者則認為過度明確的政策目標只會讓基層在執行政策時感到掣肘不便。因此，第二代研究認為政策本質必須要能夠激發所有參與者相互合作的意

願。然而政策本質到了第三代研究已經跳脫規範性的內涵，不再討論政策應該如何設計，而是如何在不同性質的政策之下採取不同的執行模式。

貳、動態面的要素

1. 政策執行過程：雖然各代研究都把政策執行視為一個動態過程，但是討論的內涵卻不相同。第一代研究重視由上而下的溝通，對於衝突的看法較為單純，認為衝突可以透過政策設計預先予以防範。第二代研究則認為衝突無法事先預防，並且強調政策執行過程是由一連串的利益與資源交換所構成。第三代對於政策執行動態面的討論，除了 Goggin et al（1990）之外，大都把政策執行的動態過程當作發展權變途徑的背景。

2. 政策學習：所有政策執行文獻中，有關政策學習的討論不多。對於第一代研究而言，學習是透過議題分析而來，所以政策規劃者應該在設計政策時，把學習的機制囊括進來。第二代研究中幾乎不見有關政策學習的討論。而第三代研究則認為學習係透過行動者間的互動產生，行動者間的價值衝突、議題的性質、或成員的互動方式，都會影響學習的成效。顯然，第三代研究中的學習，不只包含執行架構中行動者對議題的分析，還包含了行動者之間的互動學習。

　　歷年來中英文文獻中，雖然不乏討論政策執行影響要素的相關作品，但是針對影響要素意涵轉變的探討卻付之闕如，因此筆者期望藉由上述的分析，對於政策執行影響要素的內涵能有更深入的了解。在上述整理出的影響要素中，執行架構的設計、行政裁量權的賦予、政策本質、以及政策學習機制的建立，大都決定於政策設計與規劃階段，而政策執行架構中的權責關係、行政裁量權的程度、執行單位間的資源互動、以及政策執行過程中執行單位間的互動模式，則直接影響政策執行的結果，因此下一章將透過實證研究來探討公部門社政單位在政策執行過程中的互動關係。

參考文獻

一、中文文獻

林水波、施能傑、葉匡時，1997，**強化政策執行能力之理論建構**，台北：
行政院研究發展考核委員會。

二、英文文獻

Bardach, Eugene. 1977. *The Implementation Game*. Cambridge, Mass: MIT Press.

--- 1980. On Designing Implementable Programs. In *Pitfalls of Analysis*, edited by Giandomenico Majone and Edward S. Quade, 138-158, New York, NY: John Wiley and Sons.

Bacharach, Samuel B. and Edward J. Lawler, 1980. *Power and Politics in Organizations*. San Francisco, CA: Jossey Bass.

Barnard, Chester I. 1938. *The Functions of the Executive*. Cambridge, MA: Harvard University Press.

Barrett, Susan M. 2004. Implementation Studies: A Time for Revival? Personal Reflections on 20 Years of Implementation Studies. *Public Administration* 82(2): 249-262.

--- and Colin Fudge (eds.) 1981. *Policy and Action*. London: Methuen and Co.

--- and Michael Hill. 1984. Policy, Bargaining and Structure in Implementation Theory: Towards an Integrated Perspective. *Policy and Politics* 12(3): 219-240.

Berman, Paul. 1978. The Study of Macro- and Micro-Implementation. *Public Policy* 26(2): 157-184.

---. 1980. Thinking about Programmed and Adaptive Implementation: Matching Strategies to Situations. In *Why Policies Succeed or Fail*, edited by Helen M. Ingram and Dean E. Mann, 205-227. Beverly Hills, CA: Sage.

Bullock, Charles S. 1980. Implementation of Equal Education opportunity Programs: A Comparative Analysis. In *Effective Policy Implementation*, edited by Daniel A. Mazmanian and Paul A. Sabatier, 89-126, Lexington, Mass.: Lexington Books.

Burke, John P. 1987. A Prescriptive View of the Implementation Process: When Should Bureaucrats Exercise Discretion? *Policy Studies Review* 7(1): 217-231.

Downs, Anthony. 1967. *Inside Bureaucracy*. Boston, MA: Little, Brown and Co.

Dunsire, Andrew. 1978. *Implementation in a Bureaucracy*. New York, NY: St. Martin's Press.

Edwards, George C. 1980. *Implementing Public Policy*. Washington, D.C.: Congressional Quarterly Press.

Elmore, Richard. 1978. Organizational Model of Social Program implementation. *Public Policy* 26(2): 185-228.

---. 1979/80. Backward Mapping: Implementation Research and Policy Decisions. *Political Science Quarterly* 94(4): 601-616.

---. 1985. Forward and Backward Mapping: Reversible Logic in the Analysis of Public Policy. In *Policy Implementation in Federal and Unitary Systems*, edited by Kenneth Hanf and Theo A.J. Toonen, 33-70. Dordrecht: Martinus Nijhoff Publishers.

Goggin, Malcolm L., Ann Bowman, James P. Lester and Laurence J. O'Toole, Jr. 1990. *Implementation Theory and Practice: Towards A Third Generation*. Upper Saddle River, NJ: Scott Foresman.

Greenberg, David H. and Philip K. Robbins. 1986. The Changing Role of Social Experiments in Policy Analysis. *Journal of Policy Analysis and Management* 5(2): 340-362.

Hanf, Kenneth, Benny Hjern, and David O. Porter. 1978. Local Networks of Manpower Training in the Federal Republic of Germany and Sweden. In *Interorganizational Policy Making: Limits to Coordination and Central Control*, edited by Kenneth Hanf and Fritz W. Scharpf, 303-341. London: Sage

Heclo, Hugh 1974. *Modern Social Politics in Britain and Sweden*. New Haven, CT: Yale University Press.

Hjern, Benny. 1982. Implementation Research—the Link Gone Missing. *Journal of Public Policy* 2(3): 301-308.

--- and Chris Hull. 1982. Implementation Research as Empirical Constitutionalism. *European Journal of Political Research* 10(2): 105-115.

--- and David O. Porter. 1981. Implementation Structures: A New Unit of

Administrative Analysis. *Organization Studies* 2(3): 211-227.

Hull, Chris and Benny Hjern. 1987. *Helping Small Firms Grow: An Implementation Approach*. London: Croom Helm.

Jenkins-Smith, Hank C. and Paul A. Sabatier. 1993. The Dynamics of Policy-Oriented Learning. In *Policy Change and Learning:An Advocacy Coalition Approach*, edited by Paul A. Sabatier and Hank C. Jenkins-Smith, 41-56. Boulder, CO: Westview Press, Inc.

Linder, Stephen H. and B. Guy Peters. 1989. Instruments of Government: Perceptions and Contexts. *Journal of Public Policy* 9(1): 35-58.

Lipsky, Michael. 1971. Street Level Bureaucracy and the Analysis of Urban Reform. *Urban Affairs Quarterly* 6(4): 391-409.

---. 1978. Standing the Study of Public Policy Implementation on its Head. In *American Politics and Public Policy*, edited by Walter Dean Burnham and Martha Wagner Weinberg, 391-402. Cambridge, Mass.: The MIT Press.

---. 1980. *Street-Level Bureaucracy: Dilemmas of the Individual in Public services*. New York, NY: Russell Sage Foundation.

Matland, Richard E. 1995. Synthesizing the Implementation Literature: The Ambiguity-Conflict Model of Policy Implementation. *Journal of Public Administration Research and Theory* 5(2): 145-174.

March, James G. and Herbert A. Simon. 1958. *Organizations*. New York, NY: John Wiley and Sons.

Maynard-Moody, Steven, Michael Musheno, and Dennis Palumbo. 1990. Street-Wise Social Policy: Resolving the Dilemma of Street-Level Influence and Successful Implementation. *The Western Political Quarterly* 43(4): 833-848.

Mazmanian, Daniel A. and Paul A. Sabatier (eds.) 1981. *Effective Policy Implementation*. Lexington, Mass.: Lexington Books.

--- and ---.1983. *Implementation and Public Policy*. Glenview, IL.: Scott, Foresman and Co.

---. 1989. *Implementation and Public Policy: With a new Postscript*. Latham, MD: University Press of America.

Nakamura, Robert and Frank Smallwood. 1980. *The Politics of Policy Implementation*. New York: St. Martin's.

O'Toole, Laurence J. Jr. 1986. Policy Recommendations for Multi-Actor Implementation: An Assessment of the Field. *Journal of Public Policy* 6(2): 181-210.

---. 1993. Interorganizational Policy Studies: lessons Drawn from

Implementation Research. *Journal of Public Administration Research and Theory* 3(2): 232-251.

---. 2000. Research on Policy Implementation: Assessment and Prospects. *Journal of Public Administration Research and Theory* 10(2): 263-288.

--- and Robert S. Montjoy. 1984. Interorganizational Policy Implementation: A Theoretical Perspective. *Public Administration Review* 44(6): 491-503.

Palumbo, Dennis J., Steven Maynard-Moody and Paula Wright. 1984. Measuring Degrees of Successful Implementation. *Evaluation Review* 8(1): 45-74.

Porter, David O. 1976. Federalism, Revenue Sharing and Local Government. In *Public Policy-Making in the Federal System*, edited by Charles Jones and Robert Thomas, 81-101. Beverly Hills, CA: Sage.

Prottas, Jeffrey M. 1979. *People Processing: The Street-Level Bureaucrat in Public Service Bureaucracies*. Lexington, MA: Lexington Books..

Pressman, Jeffrey L. and Aaron Wildavsky. 1973. *Implementation*. 1st ed. Berkeley and Los Angeles, CA: University of California Press.

--- and ---. 1984. *Implementation*, 3rd ed. Berkeley and Los Angeles, CA: University of California Press.

Ripley, Randall B. and Grace A. Franklin. 1982. *Policy Implementation and Bureaucracy*. Chicago, IL: The Dorsey Press.

Sabatier, Paul A. 1986. Top-Down and Bottom-Up Approaches to Implementation Research: a Critical Analysis and Suggested Synthesis. *Journal of Public Policy* 6(1): 21-48.

---. 1988. An Advocacy Coalition Framework of Policy Choice and the Role of Policy-oriented Learning. *Policy Science* 21:129-168

---. 1991. Two Decades of Implementation Research: From Control to Guidance and Learning. In *The Public Sector: Challenge for Coordination and Learning*, edited by Franz-Xaver Kaufmann, 257-270. Berlin, Germany: Walter de Gruyter & Co.

---. 1993. Policy Change over a Decade or More. In *Policy Change and Learning:An Advocacy Coalition Approach*, edited by Paul A. Sabatier and Hank C. Jenkins-Smith, 13-39. Boulder, CO: Westview Press, Inc.

--- and Daniel A. Mazmanian. 1979. The Conditions of Effective Implementation: A Guide to Accomplishing policy objectives. *Policy Analysis* 5(4): 481-504.

--- and ---. 1980. The Implementation of Public Policy: A Framework of Analysis. *Policy Studies Journal* 8(4): 538-560.

--- and ---. 1981. The Implementation of Public Policy: A Framework of

Analysis. In *Effective Policy Implementation*, edited by Daniel A. Mazmanian and Paul Sabatier, 3-35. Lexington, Mass: Lexington Books.

--- and ---. 1983. Policy Implementation. In *The Encyclopedia of Policy Studies*, edited by Stuart Nagel, 143-169. New York, NY: Marcel Dekker.

Scharpf, Fritz W. 1978. Inter-organizational Policy Studies: Issues, Concepts and Perspectives. In *Inter-organizational Policy Making: Limits to Coordination and Central Control*, edited by Kenneth Hanf and Fritz W. Scharpf, 345-370, London: Sage Publications

---. 1986. Policy Failure and Institutional Reform: Why should form follow function? *International Social Science Journal* 38(2): 179-189.

Schofield, Jill. 2001. Time for a Revival? Public Policy Implementation: A Review of the Literature and Agenda for Future Research. *International Journal of Management Review* 3(3): 245-263.

---. 2004. A Model of Learned Implementation. *Public Administration* 82(2): 283-308.

--- and Charlotte Sausman. 2004. Symposium on Implementing Public Policy: Learning From Theory and Practice. *Public Administration* 82(2): 235-248.

Simon, Herbert A. 1965. *Administrative Behavior*. New York, NY: Free Press.

Tullock, Gordon. 1965. *The Politics of Bureaucracy*. Washington, DC: Public Affairs Press.

Van Meter, Donald S. and Carl E. Van Horn. 1975. The Policy Implementation Process: A Conceptual Framework. *Administration and Society* 6(4): 445-488.

Van Horn, Carl E. and Donald S. Van Meter. 1976. The Implementation of Intergovernmental Policy. In *Public Policy-Making in the Federal System*, edited by Charles Jones and Robert Thomas, 39-62. Beverly Hills, CA: Sage.

Weatherley, Richard and Michael Lipsky. 1977. Street-Level Bureaucrats and Institutional Innovation: Implementing Special-Education Reform. *Harvard Educational Review* 47(2): 171-197.

第五章
我國地方政府社政單位部際關係
之研究——以台北市為例

　　在社會福利政策執行的動態過程中，政府社政單位之間的部際互動（interagency interactions）關乎執行的成果，然近年來，相對於大量有關非營利組織在社政領域中之角色的研究，有關公部門的討論顯得較為少見。事實上，公部門在社會福利政策的規劃或執行過程中，仍扮演主導的角色。以我國地方政府而言，最主要的兩個社政單位就是社會局與社會課，二者幾乎總攬了地方的社會福利業務，社會局主導地方社會福利政策的設計與規劃，除了部份業務以契約外包的方式委由非營利組織執行以外，很多業務則交由社會課處理。社會課是地方政府最基層的社政單位，平日透過里幹事與轄區內弱勢族群有較為深入的接觸與溝通，舉凡生活津貼、生活照護、甚或急難救助等的申領，都是社會課經手核辦的，換言之，社會課是轄區內弱勢族群最直接接觸的政府單位。社會局與社會課既然是地方性社福政策過程中的重要角色，那麼二者之間的互動關係就值得關切，因為二者間互動關係的建立，關乎政策執行的成果。特別是近年來地方政府面對財政壓力，加上政治環境日趨多元與動態，而民眾之社會福利意識的抬頭，使得各級政府在有限的福利資

源之下，必須有彈性地調整既定的福利資源分配方式，而一旦政策面臨調整，如何在執行面上積極落實，就有賴部際之間的良好互動。因此，地方政府社會局與社會課之間的互動模式，是值得加以深入探討的，誠如（O'Toole and Montjoy 1984: 491）所言，如果部際間無法建構出共同的合作行動，那麼政策執行終將失敗。因此，本文認為，要增進我國社福政策執行的品質，地方社政單位間的部際關係是應該被重視的議題之一，若社政單位間的互動出現障礙，勢必導致社會福利服務輸送上的問題。然而，社會局與社會課之間的關係，很難給予明確的定義，二者之間在地方社政執行上，有著跨組織的合作關係，但是由於社會局的官僚層級高於社會課，而且二者之間又有經費撥支的關係，也因此導致二者間的互動模式更形複雜，因此，本文擬深入了解社會局與社會課之間的互動模式，找出二者間互動過程的障礙與困難，以找尋適當的政策建議。

　　本研究將透過深入訪談，分析台北市在地方社會福利政策執行的過程中，社會局與社會課之間靜態與動態的部際關係。本研究從政策執行理論發展中，找出四個分析部際關係的構面，分別是權責關係、資訊流通、資源交換、以及部際文化，其中有關權責關係的探討，除了來自訪談資料以外，還從相關法令了解兩個單位間的責任義務。本研究期望藉由此分析，使地方政府了解社會福利政策執行的助力與阻力，促使社會局與社會課更能互相了解彼此的認知與期望，進而促進溝通管道的暢通，提升公部門之社會福利服務的品質。本文限於目前所擁有的訪談資料，將只分析部際的互動關係，

至於此互動關係如何影響政策執行的成果，則是筆者下一階段的研究重點，因此本文無意處理這個議題。

　　本文首先定義部際關係，並從政策執行理論發展的軌跡中，找尋部際關係意涵的轉變，以便了解部際關係的深層意義，並藉此發展部際關係的主要分析面向。其後介紹本研究的研究方法與研究對象，並從部際關係的主要面向闡釋研究發現與政策建議。

第一節　府際關係與部際關係

　　有關府際關係或部際關係的研究文獻，大致可以分為靜態與動態研究兩類，靜態研究大都從法律或制度的觀點探討中央與地方政府的角色功能、府際間的權限劃分與財政資源的分配（許宗力等，1992；趙永茂，1997；薄慶玖，1997）；動態研究則大致分為兩類，有從管理的觀點，強調府際關係的管理是一種化解府際衝突以達成特定目標的過程，因此此類研究善於提供解決衝突的方法與技術（Agranoff 1988; 1989; Howitt 1984）；另有從府際關係或跨組織關係分析政策執行過程中，府際或組織間的互動如何影響政策結果，並進而針對府際互動或跨組織互動提供政策建議（Bardach 1977; O'Toole and Montjoy 1984; Scheberle 1997; 1998；張四明，2001；曾怡仁、黃競涓，2000）。由於本研究主要強調政策面向，因此將從政策執行的文獻中探究部際關係的分析構面。其實，追溯府際關係一詞的起源，便與政策執行息息相關。在美國羅斯福總統的新政

（New Deal）運動中，經濟大恐慌使聯邦政府開始大規模介入地方
事務，企圖藉此改善國家的社會與經濟問題，在這種情況下，有關
府際關係的政策本質——政府各機關所採取的行動，以及機關間的
互動所產生的政策效果——就成為各界討論的重點（Wright 1988:
13-14）。隨著民主社會的多元化，政策執行經常必須透過跨組織的
共同合作來完成，因此公共政策的相關文獻對於府際合作以及跨組
織合作多有討論，例如 Wright（1987: 238-241）在為府際關係下定
義時，說明府際互動的結果具有政策意涵；O'Toole and Montjoy
（1984）從跨組織合作的觀點，分析多元組織間的互動對政策執行
成果的影響；Ripley and Franklin（1986）認為政策執行係發生於複
雜的府際關係網絡中，當多元行動者帶著不同的目標與期望共同執
行政策時，府際間的協調便與政策執行的結果息息相關；Scheberle
（1997; 1998） 基於聯邦對地方政策執行介入的程度，以及聯邦與
地方機關人員彼此的互信程度來觀察美國環境政策的執行，認為府
際間正面的工作關係（positive working relationships）是有效政策執
行的關鍵；Peters（1998）則從水平的府際關係觀察，認為要確保
府際間在政策過程中的合作，應該透過制度或規則的設計，為府際
合作創造環境，提升個別組織選擇參與合作的動機。上述文獻共同
呈現出一個重要的概念，那就是府際關係或跨組織關係對於政策執
行的影響係相當深遠，而本文也將從政策執行理論發展脈絡中，了
解府際部際或跨組織關係的內涵，並從中發展探究社會局與社會課
部際關係的分析構面。

「部際關係」與「府際關係」兩詞常同時出現。府際關係（Intergovernmental relations）一詞雖然始於一九三○年代美國興起聯邦主義（federalism）之時，但直至一九六○年 Anderson（1960: 3）才對該詞有較為正式的定義－「美國聯邦系統內各類型與各層級政府間的一種重要活動與互動作為」。Bogdanor（1987: 296-297）認為府際關係具有下列幾種特性：（1）國家、州、與地方之間，州與地方之間，國家與地方之間，以及地方與地方之間的關係；（2）公務員（public officials）的態度與行為，特別單位間公務員對彼此的認知；（3）每日跨域業務關係的本質、例行性、與一致性；（4）公務員不論民選或官派，每一位在府際關係中都很重要；（5）在財務關係與政策執行上，府際關係更顯重要。由上可知，府際關係是可以獨立行使職權的政府之間，靜態權責關係與動態互動關係的組合，靜態關係決定於法規，而動態關係則主要建構於單位間公務員彼此的態度與認知。

部際關係（interagency relations）的主體比政府小，指涉部門與部門之間的關係，所謂的部門只是政府組織中具有特定功能的單位，無法獨立於政府整體的目標而存在（陳敦源，1998：238）。府際與部際關係都呈現靜態與動態兩種特質，靜態關係較常出現於第一代政策執行研究途徑的文獻中，而動態關係則在第二代與第三代研究途徑中較被強調。此外，若從官僚結構來看，所謂的府際關係或部際關係又可分為垂直關係與水平關係。垂直關係可以說是第一代研究途徑的思考基礎，所以由上對下的控制是最被強調的，而水

平關係在第二代研究途徑中開始受到重視，此時期強調基層組織與私部門的互動。

　　本研究主要對象為社會局與社會課，二者皆屬於政府組織中具有特定功能的單位，無法獨立於政府整體的目標而存在，因此二者之間應屬部際關係。以下將從研究政策執行的三種途徑中，萃取出與部際關係有關的討論，以期能從不同的政策執行觀點來深入了解部際關係的意涵。

第二節　部際關係在政策執行研究中的意涵

　　政策執行的分析途徑自一九七〇年代發展至今，大致可分為三個階段：第一代的研究途徑基於由上而下（top-down approach）或向前推進（forward mapping）的觀點；第二代是基於由下而上（bottom-up approach）或由後推進（backward mapping）的觀點；第三代則是融合前兩種成為整合途徑（synthesis or integrated approach）的觀點（Anderson 2000; Lester and Stewart 1996: Chapter 7; O'Toole 2000; Sabatier 1986；柯三吉，1998；李允傑、丘昌泰，2003；吳定，2003）。不論從何種觀點出發，對於政策執行相關組織之間的互動關係皆有著墨，以下針對這種單位間互動關係在各代政策執行研究中的意涵予以討論。

壹、互動關係在第一代政策執行研究中的意涵

第一代理論採取「由上而下」的觀點分析政策執行，此觀點主要源自「政治與行政二分」，或「規劃與執行二分」的論述，所以上級機關與下級機關具有不同的功能，前者主掌政策規劃，而後者專職政策執行。上級機關的決策透過法令、行政命令、或法院判決的形式呈現出來之後，所謂的政策執行，就是下級機關將上級機關的決策付諸實行的一個過程（Mazmanian and Sabatier 1989: 20）。至於政策執行的成果則主要受到兩個因素的影響，一個是政策規劃單位是否本著正確的因果理論，設計具有可行性的政策（Bardach 1977: chapter 10; Edwards 1980; Mazmanian and Sabatier 1981; 1989）；另一個是政策執行機關是否認同與順從政策目標，並將之融入每日的行政慣例中。依照這樣的思維邏輯，對於單位間互動關係的描述，可以觀察出 1）垂直關係較被強調；2）控制、監督與服從是最終訴求。

首先，垂直關係是第一代政策執行研究的重點，文獻中處處可見針對政策規劃單位如何透過權威結構與制度設計來控管政策執行單位的討論。當時學者們所觀察的政策個案，大部份都是聯邦政策委由州與地方政府執行的例子[1]。所以，嚴格說來，第一代的研

---

[1] 其中最具代表性的研究是 Pressman and Wildavsky（1973）針對美國聯邦政府協助重建地方市政，並以加州奧克蘭（Oakland, California）為第一個標的城市，投資 2300 萬美元為該地少數民族增加 3000 個工作機會之計畫所做的研究。其他研究的政策個案還包括 Mazmanian and Sabatier（1989）的新社區計畫（New Communities Program）、空氣清淨修訂案（Clean Air Amendment）、廢除種族隔離（desegregation）、以及初等及中等教育法

究以垂直的府際關係為主，至於部際關係則較少見。在此代研究中，Bardach（1977）是試圖擺脫行政控制觀點的一位，他把政策規劃單位視為政策執行過程中的一份子，並強調單位之間的互動關係。政策執行的過程，是單位間在資源、目標、與行政各面向上的互動遊戲（game），而不再是一連串的命令結構。雖然試圖擺脫行政控制的觀點，但是 Bardach（1977: 254）仍然主張政策規劃者應儘量預估執行過程中可能產生的阻礙，並依此設計各種阻礙發生時的因應措施，訂立遊戲規則，以及分配適當的資源。顯然，即使Bardach（1977）觀察到政策執行過程中單位間互動的必然性，但是，基於「規劃與執行二分」的前提，政策規劃單位仍被賦予較多的責任。

其次，控制、監督與服從是討論單位間互動關係的最終訴求。雖然基於官僚的權責結構，政策規劃單位有權要求政策執行單位的服從，但是如果二者產生協調上的困難，將影響政策執行的結果（Pressman and Wildavsky 1973: Chapter 5; Bardach 1977: chapter 2; 7; Berman 1978; Elmore 1978），因此官僚層級的整合是很重要的。然而，第一代所謂的整合與協調，在方法與目的上都相當工具理性。在方法上，學者 Edwards（1980）、Mazmanian and Sabatier（1981;

（Elementary and Secondary Education Act）中的聯邦補償教育方案；Bullock（1981）與 Goodwin and Moen（1981）的平等教育機會政策（Equal Education Opportunity Programs）以及家庭福利政策（Family Welfare Policy）；Ripley and Franklin（1986）的聯邦管制性政策、分配性政策、與重分配性政策等等。當然，也有少數研究是針對州政府政策的執行，例如 Mazmanian and Sabatier（1989）的加州海岸保護法（Coastal Conservation Act）；Bardach（1977）的加州心理衛生改革政策等等。

1983; 1989）、Sabatier and Mazmanian（1980）、Van Meter and Van Horn（1975）等皆強調上級機關對下級機關的指揮、監督、管控、以及誘因的提供。除此之外，上級機關必須與執行機關進行有效的溝通，否則不明確的訊息將帶給政策執行者自由裁量的空間，因而產生執行結果背離政策目標的可能性（Edwards 1980: 10）。此外，充足的資源才能確保政策執行的成果，而所謂的資源，除了指涉政策執行時所需的資源以外，更重要的是上級機關須有足夠的人力來監督執行過程（Edwards 1980: 79）。這些監督與控管的主要目的，就是確保政策執行者對於政策目標的認同與執行命令的服從，進而依照政策施行細則徹底執行政策。總而言之，第一代政策執行研究普遍認為，政策執行者的服從態度與政策結果息息相關，因此無論單位間的互動關係為何，主要目的都在確保執行者的順從行為。

　　從第一代政策執行研究在單位間互動關係上的討論，可以為本文提供幾個分析面向。在靜態面上，權責結構是相當重要的。政策規劃單位所主導的政策設計，包括政策施行細則，應能提供明確的政策目標與權責劃分，幫助執行者對於本身在執行過程中的角色與權限能有清楚的認知。當然，良好的政策設計仍須要其他動態面的配合。在動態面上，由上而下的資訊傳遞、資源提供、以及誘因提供，是確保執行人員認同與服從態度的主要方法。政策規劃單位是否能將政策訊息有效地傳達至政策執行單位；政策規劃單位是否提供充足的資源給政策執行單位；以及政策規劃單位是否提供足夠的誘因使執行人員願意貢獻心力，這些面向都是第一代研究認為可以增進執行人員服從態度的重要因素。

貳、部際關係在第二代政策執行研究中的意涵

　　部分學者批評第一代政策執行研究忽略了私部門、基層官僚、地方執行機構、以及其他政策次級系統在策略上的主動性（strategic initiatives）（Sabatier 1986: 30；廖俊松，2003：61；李允傑、丘昌泰：2003：61），因為他們相信基層官僚有能力透過各種策略來影響政策目標的達成（Weatherly and Lipsky 1977; Elmore 1979; Berman1978）。因此，第二代政策執行研究聚焦於地方執行機構與基層官僚（Elmore 1979; Lipsky 1971; Berman 1978; Hanf, Hjern, and Porter 1978），強調基層人員對於政策目標與政策執行結果的影響力。首先，政策目標的設定不會完全由政策規劃單位主導，而是受到基層多元行動者的影響，甚至基層人員在執行政策時，可能會使用策略來重新型塑政策目標。其次，決定政策執行結果的主要力量，是政策執行者本身的目標、所使用的策略、所採取的行動、以及彼此的互動（Lester, et al 1987: 204）。由於基層人員的認知、意向、能力皆會影響政策執行的成果，所以政策的設計必須要與基層人員的慾望相符，如此政策目標較易達成。此外，基層官僚的裁量權是政策執行的另一個關鍵（Elmore 1978: 186-187; 1979: 604），所以政策的設計應該提供基層官僚或地方執行機關更大的自主空間，使其能夠採行適當的權宜手段以因應複雜的政策情境，而重新建構一個更能適應執行環境的政策執行過程（廖俊松，2003：61）。基於對基層官僚的重視，第二代研究與第一代研究在單位互動上的討論，最大的不同在於對水平關係以及衝突協調的強調。

　　本文無意強調第二代研究只重視水平關係，而是學者們開始觀察到政策執行往往是由公部門與私部門的次級系統共同完成的（Hjern and Porter 1981: 211），所以傳統垂直關係中所強調的單一行政與正式權威已不再是研究政策執行的唯一觀點。雖然垂直的單位互動仍然存在，但是垂直互動的基礎不再限於官僚權威，反而是非權威式的協調。政策規劃與政策執行單位之間，應該建構共識，過去強調的服從不再是影響政策執行結果的主要因素，反而執行單位的自主程度、對於政策目標的認同程度、以及對政策執行投入的程度等等，才是影響政策執行成果的要素（Elmore 1978: 209）。既然基層的執行單位在第二代的研究中備受強調，而研究者也發現參與政策執行過程的行動者有多元化的趨勢，因此，第二代研究便把政策執行的過程視為行動者間衝突與談判的過程（Elmore 1978: 218），因為每一個行動者可能代表著不同的利益與偏好，也擁有不同的資源，因此這些基層行動者之間的水平互動關係，將影響到政策執行的結果。

　　既然第二代研究認為基層官僚才是政策執行的主角，甚至基層官僚有影響政策規劃或是重新型塑政策目標的能力，那麼由下對上的溝通就顯得格外重要，換言之，如何讓基層官僚的政策建議在政策規劃階段能傳達至規劃單位，會影響到日後政策執行單位的執行態度。第二代政策執行研究在單位間互動關係上的討論，為本文提供的主要分析面向，較偏向於動態面，也就是由下而上的資訊傳遞。基層執行單位是否有機會在政策規劃階段提供政策建議？對於

執行上的困難如何傳遞至上級機關？基層單位對於資訊溝通的管
道與結果有何期望？滿意程度為何？

參、部際關係在第三代政策執行研究中的意涵

　　第二代研究過度高估非經選舉而產生的基層執行單位，因此忽
略了民主政治系統中，政策領導與政治責任的歸屬問題（Linder and
Peters 1987；Sabatier 1986；廖俊松，2003）。鑒於上述兩代研究途
徑各有優劣之處，學者們開始利用整合途徑探討政策執行的過程
（Elmore 1985; Goggin et al. 1990; O'Toole 1986; 1993; 1995;
O'Toole and Montjoy 1984; Sabatier 1986; 1987），試圖兼顧政策規劃
單位與政策執行單位在政策執行過程中的重要性，並且開始強調單
位間的協力。其中，O'Toole and Montjoy（1984）　認為影響跨組
織合作最重要的三個誘因，第一就是權威（authority），使組織感覺
到合作是一種責任；第二是交換（exchange），參與組織透過合作
可以得到其他異於政策目標的利益；第三是共同的利益（common
interest），也就是所有參與合作的組織都認同政策目標。Goggin 等
人（1990: 32-40）以訊息在府際（聯邦、州、與地方）之間的流通
來分析政策執行，認為所謂的政策執行，就是解碼訊息、吸收訊息、
並將訊息轉換為組織日常行為的過程，而訊息在府際之間的傳輸將
影響政策執行的結果。O'Toole（1995: 44）以跨組織的政策執行為
研究焦點，認為政策執行可以被概念化為組織間的合作與協調，他
特別強調誘因的提供，因為多元組織共同合作執行政策時，若個別

組織沒有合作的誘因，那麼執行結果堪慮。林水波等（1997），認為政策執行的研究架構，必須建立在一個更寬廣的角度，兼顧政策、計畫、執行三者的連結。

　　由上可知，第三代研究不再刻意強調政策規劃或執行單位，而且，政策執行過程中相關單位之間不論是垂直關係或水平關係，已經融合成一個互動過程複雜的網絡關係。每一個單位在網絡中都有重要的功能，為了達成政策目標而協力合作。誘因不再是上級單位為了確保基層單位的服從態度而提供，而是相關單位間彼此相互提供以增進所有行動者投入網絡和參與協調的意願。從網絡的觀點來分析部際關係，有兩個面向是前兩代政策執行研究中甚少提及的。一是政策規劃與政策執行單位在功能上的相互依賴，因而導致資源互換的必要；二是政策執行環境中，各單位相互協力的誘因。因此，第三代研究在單位互動關係的討論上，為本文提供的分析面向，在靜態面上，是資源在單位間的分配情況，也就是整個執行網絡中的參與單位所擁有的資源分配情形，而在動態面上，則是單位間的資源互動方式，以及如何相互提供協力誘因。

肆、小結──部際關係的意涵與本文分析面向

　　如圖 5-1 所示，從各代政策執行研究中對於單位間互動關係的討論，可以為本研究在社會局與社會課部際關係的分析上，歸納出三個分析面向，分別是權責關係、資訊流通、以及資源交換關係。以下針對這三個面向的分析焦點做進一步的說明。

政策執行研究　　動態／靜態　　部際關係意涵　　　　　　　本文分析面向

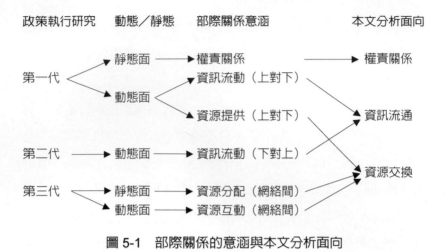

圖 5-1　部際關係的意涵與本文分析面向

資料來源：作者自繪

1. 權責關係：權責架構是組織的基本要素之一，機關組織將內部活動加以分化，以透過專業分工的方式達成既定目標。權責關係乃指涉機關單位的職掌以及權力與責任的分配與訂定。本研究對於社會局與社會課間權責關係的探討，將聚焦於社會局如何授權社會課、二者在業務授權之後各自的職掌、社會課的自由裁量權、以及考核授權業務的方式。

2. 資訊流通：組織的基本構成單位是人，在正式的權責關係與非正式的互動中，訊息的傳遞決定了受命者對於發命者所發出訊息的了解與接受程度。所謂的資訊，是透過文字、聲音、或圖像所傳達的信息。本研究對於部際資訊流通的探討，將聚焦於社會局與社會課之間的溝通方式、二者對於溝通方式的認知、以及二者對於溝通結果的看法。

3. 資源交換關係：傳統組織理論中的資源依賴論，以及晚近政策網絡理論中的資源互賴觀點，都相信組織不可避免地透過資源互換與外環境或其他組織互動，以完成組織目標。所謂的資源，包含具象的經費、設備、人力，以及抽象的知識、資訊、權力等等。本研究對於部際資源交換的探討，將聚焦於社會局與社會課分別擁有的資源資源、資源互動方式、以及資源互動的結果。

　　除了上述三個分析面向之外，本研究將再加入一個分析面向，就是「部際文化」。部際文化指涉社會局與社會課成員所共同擁有的基本信念，關係到大家共同的價值與規範，對於作為與不作為、應為與不應為有相同的看法。在政策執行中，此文化關係到組織成員投入的意願、對政策目標的認同、以及處理業務的方法與態度。其中，個人投入工作的意願來自兩個因素，一為執行者所得到的激勵，這可能是一種自發的心理過程，也可能是來自於外界的激發，因而轉化成一種工作動機的提升。二為個人與組織之間的關係。Senge（1990）便曾強調，個人與組織之間的關係應該從傳統的契約關係轉化成盟約關係，契約關係是一種基於契約而形成的，而盟約關係則是發自於個人心中主動的奉獻。此外，若政策目標與部際文化契合，自然有助於各成員對於政策目標的認同，例如，若成員有機會參與政策規劃，並將組織的價值融入政策，則成員較容易認同政策目標。O'Toole and Montjoy（1984: 492-493）與 O'Toole（1995: 43-44）曾言，跨組織的合作，需要參與組織對政策目標有相同的

意向與觀點。論及政策變遷能否成功，Ellwood and Boyd（2000）
與 Gais et al（2001）認為，整個社會福利部門從上到下的成員是否
對組織目標有清楚一致的了解是重要關鍵。因此，本文認為，探索
社會局與社會課個別所抱持的核心價值，以及二者間的部際文化，
是分析二者部際關係相當重要的一環。

第三節　研究方法與研究對象

　　本研究透過深度訪談來了解社會局與社會課之間的互動關
係，受訪者皆從個人觀點來回答問題，而非從所屬單位的觀點回
應。本研究選擇台北市為研究標的的主要原因，在於台北市為我國
首善之區，不論在中央政府對地方的補助款數額上；自有財源的規
模上；或是各種地方建設上，都優於我國其他城市，針對台北市進
行研究不僅可以為該市政府社政單位的運作提供建言，也可以成為
我國其他城市在社政運作上的參考。

　　本研究的訪談對象遴選標準，在社會局方面以具有決策權者為
主，共有四位接受訪談，基於受訪者匿名的要求，在本文中將分別
以編號 T1、T2、T3、T4 代表。在區公所社會課方面，本研究首先
以財政壓力為遴選標準，從台北市十二區中選擇財政壓力較大的區
公所。選擇方式是以各區公所九十二年度預算[2]除以該區總人口，

---

[2]　各區公所的預算大致可分為行政管理、業務管理、廳舍修建、充實設備、
　　與小型工程幾個科目。

得每人平均預算，數值越低代表該區的財政壓力越大，社福資源越有限。本研究選出五個區公所，而訪談對象則選擇與案主有較多機會接觸的工作人員，由於社會課的人員編制很少，因此訪談對象可能是課長，也可能是具有多年業務經驗的承辦人員，在本文中台北市社會課的受訪者分別以 t1，t2，t3，t4，t5 代表。

第四節　研究發現

壹、權責關係

　　台北市政府社會局的編制是依照「台北市政府社會局組織規程」第三條規定，以社福業務性質的不同分為七科，分別掌理人民團體與合作行政、社會救助、身心障礙福利、老人福利、婦女福利與托育服務、兒童與少年福利、以及社區發展與綜合規劃。社會課則是隸屬於區公所，台北市共十二個區公所，依照「台北市區公所組織規程」訂定，區公所設區長一人，受民政局局長之指導監督，此外，各區公所設民政、社會、經建、兵役、健保五課以及秘書室，其中，社會課職掌包括社會福利、社會救助、災害防救、社區發展、

由於區公所一般承接社會局委辦的業務，社會救助或是補助津貼的預算，都是直接從社會局提撥下來，所以，預算中與社會福利業務相關的科目應該只限於行政管理與業務管理兩項。因此，在計算每人平均預算時，將扣除廳舍修建、充實設備、與小型工程三個項目，只以行政管理與業務管理兩者為主。

人民團體輔導及其他有關社政事項。此外，區以內的編組為里，置里長，受區長的指揮監督，辦理里公務及交辦事項。里設里辦公處，置里幹事，承區長之命，受里長之監督，辦理自治及交辦事項，而里幹事員額列入區公所編制。從社會局的各項社會福利措施相關規定與施行細則，可以看出區公所是各種社會福利措施的福利據點，其業務內容繁雜瑣碎，例如調查低收入戶生活扶助申請資格；發放重陽節敬老禮金；核發身心障礙手冊、天然災害善後救濟金、育兒補助等等。里長與里幹事對於地方上弱勢居民的實際生活狀況與需求最為了解，因此社會課很多業務需要里長與里幹事的資訊提供以及行政支援。

　　社會局與社會課之間的權責關係大都以行政命令規範，首先，依照「臺北市政府各機關業務權限委任委託區公所執行作業要點」第二條的規定，只要是市政府認定業務性質是屬於區域性業務，並且與區公所執掌關係密切，由區公所辦理較具便利性與時效性，那麼該業務就得委託區公所辦理。然後，若進行委任業務時，依照該作業要點第四條的規定，「應先邀請民政局及區公所就人力、經費、委任業務範圍及權限劃分協商確定後，再行辦理委任程序。」至於區公所執行委託業務所需的資源，分為人力與經費兩類。在人力上，該作業要點第六條規定，「各局處應依委任或委託業務量多寡，支援區公所所需人力。」在經費上，則應依第七條第二項規定，「執行委託業務所需經費，由委託局處編列預算撥交區公所支用。」

　　各項委託業務會以施行細則來規定社會局與社會課的職權。例如「低收入戶調查及生活扶助作業規定」、「中低收入老人生活津貼

審核作業規定」、或是「育兒補助辦法」等等。一般而言，社會局大都負責督導、考核、策劃、宣導等事宜，而社會課則是負責申請資格的審核。在作業規定中，對於審核標準都有相當明確的描述，因此，社會課的裁量空間很少。例如在各項福利申請資格的審核上，都有一定的申請門檻，所以沒有任何彈性空間，唯一較有彈性的部分，就是社會課可以針對較具爭議性的個案，決定是否轉送社會局複核，給予申請者再次審核的機會。此外，所有社會課受訪者都認為，「急難救助」的發放是自由裁量空間最大的業務。該業務上的彈性分為兩部份，一是救助金額的多寡，二是查證過程的彈性。

「臺北市政府各機關業務權限委任委託區公所執行作業要點」中，對於社會課執行委託業務成效不佳的情況，沒有非常明確的考核與賞罰機制，只在第九條中規定，「區公所執行委任或委託業務，成效不佳者，得報請主管局處簽陳市長核定終止委任或委託。委任或委託業務辦理成效優良者，應予獎勵；辦理成效不佳係因區公所怠於執行或故意造成者，應予懲處。」

社會局與社會課如此的權責關係，無助於二者間的溝通，此點將在以下討論「資訊流通」時再深入分析。此外，社會課受訪者t2曾提到，社會課的業務性質導致其在區公所中的相對劣勢。區公所民政課（自治行政）、經建課（公共工程）、與兵役課（兵役行政）皆職掌區公所本身的業務，但社會課則是經辦社會局委託的業務，因此，相較於其他課室，社會課在區公所中較為弱勢，員工的福利也較少。這種現象從市政府對區公所整體工作績效的考核也可以看出來，根據「台北市各區公所工作考核要點」，市政府對區公所整

體工作績效的考核，總成績的計算方式乃依區公所業務性質分為五類（民政、社會、經建、兵役、秘書），而各類佔總成績的百分比不一，其中民政佔51%，而社會則只佔12%，僅高於秘書室的8%，就可看出社會課業務在區公所中被重視的程度並不如掌理其他對外業務的課室[3]。

貳、資訊流通

社會局受訪者表示，若遇有重大政策變遷，政策實施前社會局會與社會課人員開會溝通，告知政策訊息。社會局通常訂定實施要點，以及社會課的流程配合事項，透過討論會以及分區座談與基層人員進行溝通，並邀請里幹事、社福中心、以及相關的民間團體來參與，以充分告知政策資訊，並確定沒有問題才公佈實施。

> 「一旦有新的工作要執行，一定要事先要跟區公所人員溝通、要開會，把政策的訊息告訴他們，要擬定一個計畫出來，社會局要設計一套流程出來。然後再提到區公所的座談會去討論，區公所的同仁也會告訴我們在執行上的困難，要住充分的溝通，沒有問題了才開始執行，達到共識之後才實施……」（T2）

---

[3] 秘書室掌理文書、印信、庶務、會議、出納、研考、資訊、法制等等，較屬於針對區公所內部的行政作業。其他如民政、社會、經建、兵役都是對外的業務。

「主政者可能要比較認真的去跟他說明為什麼你要做這樣福利政策的改變，有一些溝通的機制。我覺得溝通的機制很重要……我們預計未來還有辦兩場說明會，讓他們瞭解政策改變在哪，拜託區公所的同仁幫忙。其實這個改變要花費相當多的時間，也有長官開玩笑的說，為什麼開那麼多會。因為就是為了對話，製造溝通機制。」（T4）

社會課受訪者對於與社會局之間的溝通結果大都持保留的態度，認為溝通結果不佳，各種溝通的管道並沒有太大的成效，似乎溝通不良的問題年復一年地出現，卻沒有改善的跡象。

「之前都會開協調會，但我覺得社會課是屬於背書狀態，當然我們基層都會跟他們講一些困難度，定案之後我們還是鼻子摸了，繼續做。我覺得市府的公務員執行力是夠的，既定的政策決定了就會去做。沒有錢、沒有人，還是去做。」（t2）

「但以個人的經驗，社會局是不太理會區公所的行政，所以有時候我們開會都會抱怨。你跟他們講他們會說好，但是你講你的，他做他的。」（t3）

「局處每年都說明年會改進，但是每年都還是一樣，這是最近的案子啦，那其他還有更多，很嚴重瑕疵的案子啦，因為講了太多次了……那我們也很無奈阿，說實在的，我們也不知道關節卡在哪裡。」（t5）

　　很明顯的，社會局對於部際溝通的方式與結果，都抱持著正面的態度，但是社會課受訪者對於溝通結果則表現出負面的態度，認為所謂的協調會，其功能是以「告知」的成分居多，「溝通」的成分較少，政策一旦確定，即使區公所可能有執行上的困難，還是必須自己想辦法克服。值得一提的是，社會課受訪者在訪談中會自行批判地方政府社政體制，其中有三位受訪者把社會局對社會課意見的忽略態度，歸因於地方社政體系的設計。首先，區公所並非任何單位的派出機關，其為民政系統的一環，接受民政局的督導，而社會局屬於社政系統，因此屬於民政系統之區公所社會課所提的建議，自然不會受到社政系統之社會局的注意。其次，因為社會課與社會局沒有上下從屬關係，因此社會課承辦社會局的委託業務，二者應屬於合作關係，既是合作，就該有較為平等的協調機制。但是，若從公務體系文官職等來看，社會局與社會課位階高低相當明顯。市政府各局局長比照簡任第十三職等[4]，而台北市各區區長則為薦任至簡任第九至第十職等[5]，所以，基層的建議自然較容易被社會局忽略。

---

[4]　參照台北市政府民政局與社會局之編制表，網址：http://www.law.taipei.gov.tw/taipei/lawsystem/download.jsp?filename=P02A1001-20030424-00000F-01.doc http://www.law.taipei.gov.tw/taipei/lawsystem/download.jsp?filename=P08A1001-20030424-00000F-01.doc，檢閱日期：2006 年 1 月 29 日。以及高雄市政府公報九十三年秋字第八期，93 年 07 月 26 日出版，頁 40-44。

[5]　參照台北市現行法規查詢系統之台北市各區公所組織規程的附件－台北市各區公所編制表，網址：http://www.law.taipei.gov.tw/taipei/lawsystem/showmaster.jsp?LawID=P02A1002-20031230&RealID=02-01-1002，檢閱日期：2006 年 1 月 29 日。

參、資源交換

根據社會局受訪者的描述，整個市政府總預算已經降低至十年前的規模，也就是減少了 10%，雖然社會局預算沒有因此受到太大規模的刪減，而且也有公益彩券盈餘的挹注，但是由於服務人口的增加以及需求的增加，所以社會局面臨越來越大的財政壓力，也因此對於各項計畫都希望加以更精準地分析，期望能夠更有效率地使用有限的福利資源。從訪談中可以發現，社會局受訪者在財政壓力下，所注重的焦點就是如何更有效率地分配社會福利預算於各種福利計畫中。

> 「通常預算定下來，也是砍的頭破血流、叫苦連天的……現在就在努力的走向合理化，就是說原來某些不夠效率的地方，就必須花很多的時間來處理合理化的問題。現在就在一個盤整的階段，一項一項的檢視，哪裡不經濟，哪裡不效率、哪裡不合理就是要去處理。」（T1）

> 「整體而言，預算的規模是緊縮的，但就我們實際執行業務的過程，並不必然每一項業務因為預算的規模而緊縮，也些業務也可以以更合理化的方式來處理。」（T2）

> 「我們在幾項重大業務是根據這樣（錢用得有沒有效率）來考量。我的爭取可以獲得長官的支持，長官們的支持，連帶的可以獲得市長的支持，這是一貫性的。其實講正面性的意

義，是講我們在福利措施上，是更可以合理、精準的去算，哪些是合理的。」（T4）

　　社會局面臨的財政壓力，自然影響到對社會課的財務支持。幾乎在所有台北市社會課受訪者的訪談中都可以發現，業務費的縮減影響了組織內的行政，例如加班費的不足，郵資費的短少，影印費的儉省等等，都是第一線基層人員捉襟見肘之處。

「在行政上，講到加班費就講到我們的痛，因為已經很久不知道什麼是加班費了。以前推行一些業務他們都會有所謂的加班費或是郵資費，現在都沒有。」（t1）

「從民國九十年開始，預算就都通案打九折，這樣對業務費的影響比較大，比如加班費、影印紙，都要節省。現在生活殘障津貼和育兒生活補助，社會局只有這兩項業務有給錢，其他都沒有錢，很奇怪的生態……像我們社會課的業務是在年底在審業務、總清查的時候，業務是最繁忙的，可是我們的同仁都是沒有加班費的。」（t3）

「業務費當然是不夠啊，所以我們每年都跟社會局講，他們都一樣啊，所以我們很無奈，你委託委辦業務，在預算、人力上都不去作考量，如果你們認為這樣就可以做，我們真的很希望你們把業務拿回去自己做……」（t5）

　　社會課在資源上所遇到的問題，除了來自社會局的財政支持不足以外，還有在新政策推動或是舊政策調整時，社會局給予社會課的因應時間有時候是不夠的。

> 「像是××政策，經媒體報導以後，大家都知道了，消息發布時，社會課卻沒有社會局正式的通知與相關的資料……社會課的處理時程只有一星期，一星期的時間，根本來不及消化所有的資料以及做所有的預備工作，像是要開分工協調會，通知里幹事等等。」（t3）

> 「有時候社會局的決策並沒有即時提供相關資訊給社會課，導致社會課與民眾同時從媒體獲知消息，所以，社會課通常無法給予洽詢民眾正確的資訊。社會局有時候甚至沒有發布新聞，而是直接發通知信函給民眾，叫民眾直接洽詢區公所社會課。即使信函中通知是到社會局辦理，但是民眾在搞不清楚社會局與社會課的差別時，仍會就近至社會課詢問。但是，社會課往往直到民眾前來詢問時，對該項新措施的施行細則仍不太了解。」（t4）

　　社會課本身擁有的資源，除了在面對顧客的專業人力以外，最重要的應該是其掌握了轄區內弱勢族群的詳細資訊，雖然社會課主要都是經辦行政業務，但是透過里幹事可以掌握弱勢族群的需求。然而，誠如前述，從社會課訪談者口中得知社會課的建議很少能夠受到社會局的重視，而且其溝通內容可能大都以技術性的層面為

主，再加上社會課非常有限的行政裁量權，因此很難看出其所擁有
的資訊在政策執行上的功用。

> 「有需要的話，我們會透過過里幹事去作訪視，因為里幹事
> 在業務上跟各理有互動的啦，包含跟我門社會課的阿，有些
> 獨居老人訪視，低收入戶訪視，或是李金的發放，或是天災
> 案件勘查。」（t4）

> 「里幹事我們都規定，每個月他們要對這些弱勢族群都有一
> 個家戶訪問，讓他們去關懷他們一下，我們都有這樣的動
> 作。就好像突然間發現低收入某某人，好像都不在了，是不
> 是跑到哪裡去了等等，我們都有這些動作在。」（t5）

肆、部際文化

社會局與社會課受訪者對於自己所屬單位的認同度相當高，可
以看出單位內和諧的組織文化，但是受訪者談及單位間的互動交流
時，則態度轉趨保留，顯然部際文化呈現出衝突的成分。

社會局受訪者對於單位內同仁之間的相處皆給予正面的評
價，訪談時常常出現情緒性的用語，例如：

> 「就是這種善良與熱忱的特質，讓我覺得和這些人一起工
> 作，作夢也會偷笑。」（T1）

> 「我們的同仁都非常可愛，有一份執著，會全力以赴，真是
> 好得沒話說！」(T2)

受訪者強調，單位內成員間彼此的信任、默契與共識的培養、業務的分攤、以及相互的合作等等都是維持和諧的要素。所以，如果單位內有意見或理念相互衝突的情況，必定會透過充分的溝通以達成共識，如此較不會在政策目標的認同上產生歧異。除此之外，社會局的業務特性似乎影響著單位內的核心價值。換言之，社會福利業務大都以弱勢族群為政策標的團體，因此人道關懷成為組織價值系統的核心。誠如受訪者 T2 與 T3 所言：

> 「社會局成員投入工作的意願與熱忱，與社會局的業務性
> 質、組織成員的專長、以及成員所受的訓練有很大的關係。」
> (T2)

> 「社會工作都是以人為主體……有時候行政工作做久了，容
> 易以行政方便為主要的考量，所以我們自己會不斷提醒自
> 己，不要落入這樣的（行政方便）思維模式，不能忽略服務
> 對象的需求。」(T3)

這樣的組織文化很容易感染新進人員，即使沒有社會工作的訓練背景，也會很快地感受到這樣的工作氣氛，而此種工作環境所培養出的革命情感，對於工作熱忱的影響力，甚至比官僚體制中正式的激勵誘因更有效。

與社會局相同的是，社會課內部的核心價值也極具人道關懷的色彩。即使在業務繁重又無加班費的情況下，仍舊本著人道精神處理業務。如同受訪者 t5 所言：

「社會課在區公所中比較弱勢，福利也比較少，所以在主管常常要鼓勵同仁本著做善事的心態來幫助前來求助的民眾。」（t5）

即使社會局與社會課個別的組織文化非常協調又兼具人道關懷的特質，但是這樣的文化顯然沒有延伸至部際文化中，而且兩個單位對於彼此的看法有相當大的差異。在訪談中，社會局受訪者對於社會課沒有負面的評價，並且認為部際合作關係良好，溝通無礙。

「區因為是民政局管的，有業務才會有互動，不會有長官跟部屬的關係。多半保持良好的溝通，有問題樂意幫他們解決。像是××業務也要請他們幫忙，十幾年前當時要經過溝通，之後他們就吃下來了，不會有什麼聲音。」（T2）

「其實我們要感謝區公所，他們真的幫我們很多忙。可是我們也沒有給他們做白工，我們有十二個同仁到區公所去，負責××業務，加班費也是由我們這裡支出。因為我們有給資源，像是有些派過去的人很能幹，他們也會請他們幫忙多做一些事情。」（T4）

　　然而，社會課對於社會局的評價則不然。誠如前述，社會課對於資源不足有很多抱怨，他們希望社會局了解社會課直接面對顧客的壓力，若臨時有新增業務，除了希望能及早知會社會課以外，也希望能有充分的時間準備。此外，有社會課受訪者表示，社會課並非任何機關的外派單位，因此與社會局之間的是平行合作的關係，社會局若無法了解基層的壓力，至少要能夠傾聽基層的意見，規劃在執行上比較沒有障礙的政策，並且獎從下級。

> 「民眾來了通通交給區公所，什麼業務區公所都會幫忙，對，區公所是會幫忙，可是是在我們業務範圍內幫忙，透過委託委辦的正式程序，我們才有能力能幫忙，而不是一些緊急狀況，都要求區公所去努力配合，說實在會變成惡性循環……畢竟區公所不是任何一個單位的派出機關，我們是一個合作關係。」（t2）

> 「說實在以一個區長的職級，也不過簡任十職等，相當於大概是主任秘書職級，所以說這樣夥伴關係，不能說官大學問大，事實上你沒有歷練過基層民眾的無理，說實在的有些講道理的還好，有很多不理性的都疲於應付。」（t4）

> 「社會局應該獎從下級，如何讓實際承辦人員得到最大福利，才能政策確實執行好，譬如說之前某個業務，行政獎金最高的是社會局的承辦人，我是不以為然，十二區裡幫你忙的人，情何以堪。」（t5）

　　從上述可知，社會局與社會課個別的組織文化都非常強調和諧的工作環境，在業務上具有扶弱濟貧的使命感，並且都以人道關懷為基本價值。然而，二者之間因業務委託關係所建構而成的部際文化，似乎都受到「部門本位主義」的影響，所以不論是在問題溝通或資源交換上，都有著相互的不滿與衝突，有趣的是，社會局與社會課都有著相同的使命，就是提供較好的社會福利給弱勢族群，但由於業務性質的不同，前者重視政策規則，強調政策大方向或是成本效益的考量，後者重視執行，專注於技術層面的問題，因此，衝突的產生便在所難免。此外，社會課受訪者認定與社會局之間的關係是平行合作的夥伴關係，因此，當社會局所提供的資源不足，或是忽視社會課所提供的意見時，社會課的反彈比較劇烈而明顯，顯見受訪者對於本身定位的認知，影響了其面對部際互動的態度。

第五節　　結論與建議

　　本研究從權責關係、資訊流通、資源互動、以及部際文化來觀察社會局與社會課之間的部際關係，發現在此種制度設計下的權責關係容易導致單位間對於彼此的合作互動產生認知上的差異，再加上地方財政壓力導致業務經費不足，使得政策執行過程產生衝突與障礙，幸而社政單位的業務屬性容易營造出人道色彩濃厚的組織文化，減少了因衝突所可能帶來的負面影響。

壹、部際關係的困境

　　從社會局與社會課之間靜態的權責關係觀察，二者間的互動比較傾向於第三代政策執行研究中所討論的，較為平等的合作關係，因為二者並無從屬關係，而且分別擁有政策執行過程中不可或缺的重要資源，社會局若無社會課的合作，單位內有限的人力將無法同時處理政策規劃與政策執行上的繁瑣業務。然而，從兩單位實際的運作卻發現二者間的互動仍無法脫離官僚層級的思維，因為二者的組織成員在文官職等上仍有高低之分，且法令上社會局具有考核社會課經辦業務績效的權力，因此，本文認為二者之間的關係，較傾向於「不情願的服從關係」，而此種關係在政策執行上容易引發下列幾種困境。

　　首先，社會局與社會課對於資訊流通的方式與結果有不同的認知。社會局認為已經盡到事前充分溝通的責任，訪談中也說明，不論是政策調整，或是新增業務的委託，都會在社會課確定沒有問題之後才進行。但是社會課卻舉證歷歷，認為社會課常常在政策的調整上「後知後覺」，而且社會課的建議常常無法受到社會局的回應，因此對於單位間的溝通協調逐漸採取負面的態度。

　　其次，在資源互動上，社會局在有限的財政能力之下，無法針對所有的委託業務撥予社會課適量的業務費或加班費，導致社會課在業務執行上的不便與困擾。如果兩單位之間是平行的合作關係，此等狀況應不致於發生，但是在公部門中固有的官僚層級與權威思維之下，這種情況的出現就非意料之外。此外，社會課雖然擁有轄

區內弱勢民眾的深度資訊，但由於自由裁量的空間相當有限，即使
瞭解民眾的真正需求，礙於依法行政的原則，能夠依照不同情況給
予民眾適當服務的可能性很小。再者，由於社會課並沒有機會參與
地方社會福利政策的規劃過程，因此，社會課所擁有的深度資訊，
似乎沒有太多發揮的空間。

　　上述種種部際互動的困境，影響最大的應該是部際協力誘因的
降低，當部際溝通無效率，而資源互動上又履現障礙，維繫部際協
力合作的誘因將很難維持，此時，政策執行人員對於本身定位的認
知，將關係到其合作態度，並進一步影響部際合作執行政策的成果。

貳、政策建議

　　第一，基於社會福利政策的特殊屬性，本文認為基層執行人員
應該被賦予更多的裁量權，因為社福案主的分殊性大，個案間的差
異性與急迫性不同，若能給予基層人員適度的行政彈性，將有助於
提升服務品質。雖然部份社會課受訪者認為，在大量業務壓力之
下，行政彈性將消耗工作人員更多的時間與精力，因此偏好限縮裁
量權，但本研究認為業務壓力的問題應可透過其他方式解決，例如
社會局的財政或人力支持等等，而不應該因此抹煞基層裁量權在社
會福利領域的重要性。誠如上述，基層人員有限的裁量權使其空有
案主需求等等重要資訊，卻無法有效利用這些資訊來提升服務品
質，若能在行政上有適度的彈性空間，應該更能因地制宜，依照案
主不同的急難情況給予適當的服務與救助。

　　第二，社會局與社會課之間的業務委託關係，應要有更清楚的法令規定，換言之，二者間的權責關係應該明文詳加規定，使二者在合作模式的認知上，更容易建立共識。本文認為，制度的設計關乎政策執行的結果，它影響到政策執行者對於政策目標的認同與對政策執行的投入，也影響到執行參與者之間的合作模式。政策執行參與者之間若有從屬關係，其合作模式就是建立在正式的權威上，下級機關應服從上級機關的權威與授權，辦理委託業務，在這種制度之下，權威是政策執行的基礎，至於其他如 O'Toole and Montjoy（1984）所言之利益交換，或是參與者是否具有共同的利益等等，對政策執行雖具有加分的效果，但卻非必然的要素。然而，當政策執行參與者之間沒有從屬關係，而其中一方卻仍企圖將合作關係立基於權威之上，則政策執行過程中必容易產生問題，因為在這種情況下，權威只能維持政策執行參與者的基本運作，而如何使參與者互相尊重，交換資源，建立共同的利益以增加對政策目標的認同，才是最重要的。

參考文獻

一、中文文獻

李允傑、丘昌泰，2003，政策執行與評估，台北：元照出版社。

林水波、施能傑、葉匡時，1997，強化政策執行能力之理論建構，台北：行政院研究發展考核委員會。

吳定，2003，政策管理，台北：聯經出版社。

柯三吉，1998，公共政策：理論、方法與台灣經驗，台北：時英出版社。

陳敦源，1998，「跨域管理：部際與府際關係」，收錄於黃榮護主編，公共管理，頁226-269，台北：商鼎文化出版社。

張四明，2001，「從府際關係運作的觀點探討我國山坡地開發管制政策之執行」，行政暨政策學報，第33期，頁77-100。

許宗力等，1992，地方自治之研究，台北：業強出版社。

曾怡仁、黃競涓，2000，「府際關係研究分析──兼論水資源管理個案」，公共行政學報，第4期，頁241-257。

趙永茂，1997，中央與地方權限劃分的理論與實務：兼論台灣地方政府的變革方向，台北：翰盧圖書公司。

廖俊松，2003，「從地方政府執行論身心障礙者保護法之評論」，理論與政策，第17期，第2卷，頁59-82。

薄慶玖，1997，「中央與地方權限劃分問題」，公務人員月刊，第18期，頁69-81。

二、英文文獻

Agranoff, Robert. 1988. Directions in Intergovernmental management. *International Journal of Public Administration* 11(4): 357-391.

---. 1989. Managing Intergovernmental Processes. in *Handbook of Public Administration*, edited by James L. Perry, 131-147. San Francisco: Jossey-Bass Publishers.

Anderson, William. 1960. *Intergovernmental Relations in Review*. Minneapolis: University of Minnesota Press.

Anderson, James E. 2000. *Public Policymaking: An Introduction* (4th ed.).

New York, NY: Houghton Mifflin Company.

Bardach, Eugene. 1977. *The Implementation Game*. Cambridge, Mass: MIT Press.

Berman, Paul. 1978. The Study of Macro and Micro implementation. *Public Policy* 26(2): 157-184.

Bogdanor, Vernon. 1987. *The Blackwell Encyclopaedia of Political Institutions*. Oxford, UK: Basil Blackwell Ltd.

Bullock, Charles S. 1981. Implementation of Equal Education Opportunity Programs: A Comparative Analysis. in *Effective Policy Implementation*, edited by Daniel A. Mazmanian and Paul A. Sabatier, 89-126. Lexington, Mass.: Lexington Books.

Edwards, George C. 1980. *Implementing Public Policy*. Washington, D.C.: Congressional Quarterly Press.

Elmore, Richard F. 1978. Organizational Models of Social Program Implementation. *Public Policy* 26(2): 185-228.

---. 1979. Backward Mapping- Implementation Research and Policy Decisions. *Political Science Quarterly* 94(4): 601-616.

---. 1985. Forward and Back mapping. in *Policy Implementation in Federal and Unitary Systems*, edited by K.Hanf and T. Toonen, 33-70. Dordrecht: Martinus Nijhoff Publishers.

Ellwood, Deborah A. and Donald J. Boyd. 2000. *Changes in State Spending on Social Services Since the Implementation of Welfare Reform: A Preliminary Report*. Albany, NY: The Nelson A. Rockefeller Institute of Government.

Gais, Thomas L, Richard P. Nathan, Irene Lurie, and Thomas Kaplan. 2001. Implementation of the Personal Responsibility Act of 1996. in *The New World of Welfare*, edited by Rebecca M. Blank and Ron Haskins, 35-69. Washington D.C.: Brookings Institution Press.

Goggin, Malcolm, Ann Bowman, James Lester and Laurence O'Toole. 1990. *Implementation Theory and Practice, Toward a Third Generation*. Illinois: Scott, Foresman/Little, Brown Higher Education.

Goodwin, Leonard and Phyllis Moen. 1981. The Evolution and Implementation of family Welfare Policy. in *Effective Policy Implementation*, edited by Daniel A. Mazmanian and Paul A. Sabatier, 147-168. Lexington, Mass.: Lexington Books.

Hanf, Kenneth, Benny Hjern, and David O. Porter. 1978. Local networks of Manpower Training in the Federal Republic of Germany and Sweden. in *Interorganizational Policy Making: Limits to Coordination and Central*

Control, edited by K. Hanf and F. Scharpt, 303-341. London and Beverly Hills: Sage Publications.

Hjern, Benny and David O. Porter. 1981. Implementation Structures: A New Unit of Administrative Analysis. *Organization Studies* 2(3): 211-227.

Howitt, Almold M. 1984. *Managing Federalism: Studies in Intergovernmental Relations*. Washington D.C.: Congressional Quarterly Press.

Lester, James P., et al. 1987. Public Policy Implementation: Evolution of the Field and Agenda for Future Research. *Policy Studies Review* 7(1): 200-216.

--- and Joseph Stewart, Jr. 1996. *Public Policy: An Evolutionary Approach*. Minneapolis/St. Paul, MO: West Publications.

Linder, Stephen. H. and B.Guy. Peters. 1987. Relativism, Contingency, and the Definition of Success in Implementation research. *Policy Studies Review* 7(1): 16-27.

Lipsky, Michael. 1971. Street Level Bureaucracy and the Analysis of Urban Reform. *Urban Affairs Quarterly* 6(4): 391-409.

Mazmanian, Daniel A. and Paul A. Sabatier. 1981. *Effective Policy Implementation*. (eds.) Lexington, Mass.: Lexington Books.

--- and ---. 1983. *Implementation and Public Policy*. Glenview, IL.: Scott, Foresman and Co.

--- and ---. 1989. *Implementation and Public Policy: With a new Postscript*. Latham, MD: University Press of America.

O'Toole, Laurence J., Jr. 1986. Policy Recommendations for Multi-Actor Implementation: An Assessment of the Field. *Journal of Public Policy* 6(2): 181-210.

---. 1993. Interorganizational Policy Studies: lessons Drawn from Implementation Research. *Journal of Public Administration Research and Theory* 3(2): 232-251.

---. 1995. Rational Choice and Policy Implementation. *American Review of Public Administration* 25(1): 43-57.

---. 2000. Research on Policy Implementation: Assessment and Prospects. *Journal of Public Administration Research and Theory* 10(2): 263-288.

--- and Robert S. Montjoy. 1984. Interorganizational Policy Implementation: A Theoretical Perspective. *Public Administration Review* 44(6): 491-503.

Peters, Guy. 1998. Managing Horizontal Government: The Politics of Coordination. *Public Administration* 76(summer): 295-311.

Pressman, J.L. and A. Wildavsky. 1973. *Implementation*. Berkerley, CA: University of California Press.

Ripley, Randall B. and Grace A. Franklin. 1986. *Bureaucracy and Policy Implementation* (2nd ed.). Chicago, Ill.: The Dorsey Press.

Sabatier, Paul A. 1986. Top-Down and Bottom-Up Models of Policy Implementation: A Critical Analysis and Suggested Synthesis. *Journal of Public Policy* 6(1): 21-48.

---. 1987. Knowledge, Policy-Oriented Learning, and Policy Change: An Advocacy Coalition Framework. *Knowledge: Creation, Diffusion, Utilization* 8(4): 649-692.

--- and Daniel A. Mazmanian. 1980. The Implementation of Public Policy: A Framework of Analysis. *Policy Studies Journal* 8(4): 538-560.

Scheberle, Denise. 1997. *Federalism and Environmental Policy: Trust and the politics of Implementation*. Washington, D.C.: Georgetown University Press.

---. 1998. Partners in Policymaking: Forging Effective Federal-State Relations. *Environment* 40 (10): 14-29. 網址：http://www.findarticles.com/p/articles/mi_m1076/is_10_40/ai_53520538(檢閱日期：2006 年 6 月 12).

Senge, Peter. 1990. *The Fifth Discipline: The Art and Practice of the Learning Organization*. New York: Doubleday.

Van Meter Donald S. and Carl E. Van Horn. 1975. The Policy Implementation Process: A Conceptual Framework. *Administration and Society* 6(4): 445-488.

Weatherly, R. and M. Lipsky. 1977. Street-level Bureaucrats and Institution Innovation : Implementing Special Education Reform. *Harvard Educational Review* 47(2): 171-197.

Wright, Deil S. 1987. A Century of the Intergovernmental Administrative State: Wilson's Federalism, New Deal Intergovernmental Relations, and Contemporary Intergovernmental management. In *A Centennial History of the American Administrative State*, edited by Ralph C. Chandler, 219-260. New York: Free Press.

---. 1988. *Understanding Intergovernmental relations*. Pacific Grove, CA: Brooks/Cole Publishing Company.

第六章
系統思考的應用

　　自從 Senge（1990）出版「第五項修練」（The Fifth Discipline）這本書以後，系統思考的概念便開始被廣為討論與應用。事實上，系統思考早在一九五〇年代中期就已萌芽，創始者為美國麻省理工學院的教授，也就是今日被稱為「系統動力學之父」的 Jay W. Forrester 當時美國奇異（General Electric）電器公司在肯塔基州的分廠面臨人事困境，分廠經理非常困惑為何該廠人事異動出現明顯的三年循環，他們將此現象歸因於商業循環（business cycle），並且苦無對策。當時 Forrester 利用手繪的系統動力學模型幫助該分廠經理了解導致這個困境的主要原因是該廠內部的人事決策結構，而非外在的商業循環，Forrester 幫助經理人了解並解決組織困境的手繪模型，也成了系統動力學的濫觴[1]。

　　系統思考可以幫助政策分析家藉由探索政策系統的潛在結構來推論系統行為，可以說是用來分析多元動態系統過程的有效工具。系統思考強調綜觀全局，而非系統中的細微部份，因此使用系統思考來分析公共政策最大的長處，就是揭露限制系統績效的結構性瑕疵，並且解釋為何意圖良善的政策會導致非預期的結果。而上

---

[1] 資料來源：美國系統動力學官方網站：http://www.systemdynamics.org/DL-IntroSysDyn/origin.htm，檢閱日期：2006 年 7 月 25 日。

述這些特色，已使其在眾多領域中成為洞察結構問題的有力途徑，例如企業管理、工程學、組織學習與公共政策等等。特別是在 Senge 的「第五項修煉」中，系統思考成為組織學習最重要的修練原則之後，系統思考幫助組織成員重新了解自己的組織定位，不再認為自己是無助的反擊者，而是與他人共同型塑系統現狀的主動參與者；不再是被動地反應組織現狀，而是積極地參與創造組織未來（Senge 1990: 69）。總而言之，系統思考幫助系統成員更了解自己在系統中的主動角色，並且以全觀的角度洞悉系統的結構性問題，進而找出「槓桿解」以改進系統績效。

本文企圖透過系統思考在公共政策領域中兩個應用的例子－社會福利業務委外課責架構的建構，以及地方政府社會福利政策執行過程中部際關係困境的分析，來介紹系統思考的本質與精義。前者嘗試結合系統思考與政策網絡的觀點，探討二者如何共同建構社會福利委託外包的課責架構，並特別強調系統思考能夠補強政策網絡的部份。後者則透過系統概念模型的建構，分析我國地方政府在社會福利政策執行過程中，部際互動的困境，並透過槓桿解的探索而提供政策建議。

第一節　系統思考的本質

系統思考的基礎概念便是深信系統行為導因於系統結構，因此，要終止一個非預期的系統行為，不能靠著強迫系統成員更賣力

工作就能達成，因為造成非預期系統行為的基礎原因是整個系統結構，而非系統中的某個部份。系統思考目前在歐美公共政策領域頗受重視的原因之一，便是其協助政策分析者解釋了為何意圖良善的政策總是得不到令人滿意的結果。系統思考指出了一個可能性，便是政府施為上預期獲得的利益，可能會因為系統對此施為而產生的反作用力而被抵銷，此一現象被稱作「抵銷反饋機制」（compensating feedback mechanism）。Senge（1990: 58）生動地描述了此一現象，他說：「你越努力地想阻止一切，但系統的反作用力反而越大（The harder you push, the harder the system pushes back.）」。很明顯地，系統思考關注的是系統部門間的關係，而非部門本身。也就是說，系統思考企圖提供一個系統的全貌而非片段的系統觀。本節在討論系統思考如何運用於公共政策領域之前，首先必須要先釐清系統思考觀點下的「系統」定義。

壹、什麼是系統（system）？

　　一個系統是由一組互相關聯的部分（parts）所組成的架構，「系統」一詞不只涉及靜態的架構，而更應該強調各個系統部分間的行動協調過程（Espejo 1994: 202-203）。Ackoff（1994: 175）認為，系統乃植基於系統部份間的互動，因此系統是不能被分割的。根據Rapoport（1986: 29）的說法，一致性（identy）、組織性（orgazation）、與目標導向（goal-directedness）三者為系統的基礎特徵。一致性指涉系統在變遷的過程中仍舊維持其穩定性；組織性指涉系統如何透

過其架構來面對複雜的問題；至於目標導向指涉系統的存在皆為了某種目的或功能。

綜上所述，系統的特色主要如下：

1. 系統是由一組彼此相互關聯的部份所組成；
2. 系統結構不只涉及系統關鍵變項間的相互關係，同時也涉及系統中的資訊流動、系統成員的目標、整體系統功能、系統內操作使用的策略、以及時間滯延等概念；
3. 系統不是組成份子的總合，而是組成份子間有意義的互動關係結果；
4. 系統是目標取向的；
5. 系統會因著其既有的結構而產生非預期行為；
6. 系統會透過其自我修正的機制而維持穩定。

簡言之，本研究所謂的系統，是由一群互動的部份所組成的，其為了達成既定目標而運作，但不能確保目標的完全達成。

那麼，系統思考的本質為何？有關系統思考與系統動力學的相關文獻對於這個問題有廣泛的探討與洞見。Richmond（1994: 139）強調系統思考是一個典範，也是一個學習方法。這裡的「典範」意指系統思考是一組思考技巧，它提供了過程、語言與技術來幫助人們更了解系統。以下將從兩個面向來討論系統思考的本質。第一，系統思考是一種觀點，強調系統行為模式（pattern）的變化以及系統的反饋機制（feedback mechanism）。第二，系統思考是一組分析

工具，用來釐清政策問題與預測政策結果。當系統受到新政策所干預，系統思考能夠協助建構槓桿解以改善系統的績效與政策結果。

貳、系統思考是一種理解政策問題的觀點

系統結構導致動態行為（Richardson and Pugh 1981:15）。當政策問題發生時，也就是政策實施後產生非預期的結果時，系統思考者相信此一問題是由系統結構所造成的。在此前提之下，若將非預期政策問題的導因歸罪於外在因素，則無助於問題的解決，遑論政策結果的改善。因此，最根本的問題解決方法，也就是系統思考中所謂的「槓桿解」，存在於系統內部。所以要找尋槓桿解的第一步，就是探索並且描繪出導致非預期政策結果的系統結構（Forrester 1994: 245）。

描繪導致非預期政策結果的系統結構時，需考慮到幾個重要的原則。首先，暗晦不明或是顯而易見的反饋機制總是鑲嵌在系統之中。由於系統是由互動的變項所構成，因此想要透過單一變項的改變來解決問題絕非長久之計，因為系統可能會出現短暫的好轉跡象，但長期而言，系統的反作用力不但可能會抵銷這個暫時的效果，還可能會使系統表現得比先前更糟。第二，時間滯延是個容易被忽略的變項。如同 Senge（1990: 63）認為：「因果關係在時空中沒有那麼緊密地發生（Cause and effect are not closely related in time and space）。」變項之間的影響是需要時間的，系統症狀一開始可能表現得不明顯，但是長時間下來可能會變得相當嚴重。第三，上述

系統反饋機制包含了兩種可能,一是不斷自我增強的(reinforcing),二是不斷自我平衡抵銷的(compensating)。前者系統所代表的不是加速成長,就是加速衰退,而後者則會出現目標導向的系統行為。Senge(1990)便提供了好幾個系統原型架構(archyetype),以作為政策分析家釐清系統問題的參考。

既然系統問題的導因來自於結構,那麼解決系統問題的方法自然也來自於結構。誠如前述,任何企圖利用外在干預來影響系統行為的方法僅能短暫地改善系統績效,而且代價可能是系統出現強力反彈而使情況更糟,因此一個系統內部的高槓桿解決方法應該才是改善系統績效最佳途徑。這就如同太極拳的哲學一般,面對強敵時,不用蠻力,而是利用對方出拳的力道反推回去,或是如同老子在其著作道德經中指出「柔弱克剛強」一般,利用系統中既存的反饋力量,便可能很容易的以微小的力量而獲取成功,這也就是系統思考中「槓桿解」的意義。

參、系統思考是一組分析政策問題的工具

系統思考的操作面—系統動力學,提供了一組描繪並探索系統動態複雜性的工具。這些工具包括了因果迴路圖(causal loop diagrams)、流量與存量圖(stock and flow diagrams)、模擬模型(simulation models)。因果迴路圖有助於描述系統問題,同時使得系統問題能跨越專業的障礙而便於溝通,而為了能更深入檢視系統問題,模型建構者會轉化因果迴路圖為包含了存量(level)與流量

率（rate）的方程式（Forrester 1994）。在建造模型的過程中，模型的規模應該足夠包含導致系統問題的所有關鍵變項，而且所有的參數和方程式都應可以公開接受檢視，以免於「黑箱建模」之嫌。

　　在正式的模型模擬之前，要先確定模型的有效性，而系統動態建模軟體提供了一套邏輯方法，以確保在數學上，各變項定義的有效性以及整體模型的可操作性。然而，這只能確保模型在數學邏輯上的正確性而已。因此，系統動力學界發展了數種模型效度的測試方法，以增加模型使用者對與模型的信心。每一個測試都檢視了模型中特定的一部分。例如行為再造測試（behavior reproduction test）檢視模型行為是否相當程度反映事實，而極端情境測試（extreme condition test）則檢視模型是否能對極端的情境作出確實的反應。隨著眾多測試的反覆進行，可以讓模型使用者增加對模型效度的信心。如果模型無法通過測試，那麼建模者應該重新檢視問題的描述與方程式的定義，直到模型通過測試為止。

　　經由對模擬結果的分析可以幫助我們找出系統中操縱系統行為的反饋機制。然而值得注意的是，系統中充滿了大大小小的反饋機制，而這股操縱的力量可能會隨著時間的變動而在系統中不同的反饋機制中游移，換言之，隨著時間的流逝，系統行為可能不會永遠受到單一的反饋機制所操縱，要探索這種操縱力轉移的現象，在技術上可以透過建模軟體的幫助以及建模者長期累積的建模經驗來分析，以幫助找出解決系統問題的槓桿解。

　　所謂的槓桿解，在政策領域中可以被解讀成另一個新的政策。然而新政策的有效性，可以透過政策模擬來得到參考答案。系統動

態學提供了一個模擬的環境，使政策分析家可以模擬在不同情境之下，不同的政策所可能產生的長期結果，正由於系統動態學比其他政策分析工具更能提供政策效果的預測資訊，因此在政策規劃領域中被廣泛使用。Senge（1990: 57）指出，「今日的問題來自於昨日的解決方式」，那些能緩和目前症狀的解決方式有時可能會導致長期的副作用，因此，能夠預先了解一項政策干預的長期效果對政策規劃人員來說是很重要的，而系統動力模型模擬結果無疑將帶給政策規劃者一個有用的參考。顯然，系統思考提供了一個人際溝通的新語言，它突破人類語言上的侷限性，用簡單明瞭的因果迴路圖形描述系統的動態性與複雜性，使利害關係人（政策分析家、政策規劃者、以及大眾等等）之間能夠建立更有效率的溝通。總而言之，系統思考提供政策執行前凝聚共識的一個良好溝通工具（Forrester 1994: 247）。

第二節　系統思考概念模型運用之一：結合政策網絡觀點發展契約外包的網絡課責架構

「政策網絡」植基於網絡參與者間的資源互賴關係，被廣泛應用於各領域中，例如政治科學、社會學、社會心理學、社會人類學等，也被應用於不同層次的分析，例如探討人際關係的微觀層次、利益團體與政府關係的中觀層次，或是國家與公民社會關係的鉅觀

層次（Rhodes and Marsh 1992: 4）。政策網絡的觀點認為，單一的網絡參與者無法主宰整個網絡的運作，因此為了達到各自的目標，他們必須與其他的網絡參與者進行資源交換。正由於網絡參與者無法獨自操控整個網絡，因此當網絡無法發揮預期功能時，責任不應由任何單獨的網絡成員承擔，而應該由全體成員承擔。政策網絡概念賦予網絡成員一個異於以往的定位，因為每一個網絡參與者都是資源擁有者，對於網絡運作都有某種程度的貢獻，網絡成員不再只是消極地回應環境，而是積極地參與網絡運作。

　　雖然系統思考或政策網絡個別對公共政策領域的研究分析貢獻良多，但本研究建議整合二者以協助系統參與者或網絡行動者更了解本身在系統中的功能，並對所屬系統或網絡的整體能有更進一步的認識，而藉由這樣的學習過程，促使系統參與者或網絡行動者間的溝通與了解。系統思考與政策網途徑的基本觀點有許多雷同之處，例如系統部份（網絡行動者）間的互賴性、多元的系統（網絡）目標、權力分散於系統部份（網絡行動者）間等等，而這些觀點相當適合用於分析高度動態或複雜的社會系統，例如社會福利服務委外系統就是一個例子。自從委外成為社會福利輸送方法的選項之一後，福利服務提供系統變得越來越複雜，政府部門逐漸移轉變成品質控制者的角色，而實際的服務輸送者變成接受政府業務委託的私人機構，通常是非營利組織，但如此的轉變也使得如何建立有效的課責架構成為此系統運作的一大挑戰。

　　本研究相信，同時利用系統思考與政策網絡概念分析委外系統，將更能釐清系統的課責關係，並幫助系統參與者了解被課責的

原因。以下將先探討政策網絡的主要概念，然後討論二者之異同。接著用概念模型來解釋二者如何相互補強以建構委外系統的課責架構。

壹、政策網絡：分析公共政策系統的工具

政策網絡由一群相互依賴的行動者所組成，基於行動者間資源依賴的程度，以及資源交換的頻率與方法，決定了行動者間緊密或鬆散的關係。行動者各自帶著不同的目標參與網絡運作，藉由相互的資源交換而同時兼顧自我的利益與網絡目標。這個網絡通常會持續運作直到網絡目標被達成或被遺忘為止。

從相關文獻分析中，歸納出政策網絡的應用一般分為兩類，一是把政策網絡視為分析政策制定結構的途徑或工具，二是把政策網絡視為一種治理的模式，然而即使是後者，部份學者仍把政策網絡當作分析工具使用。誠如 Borzel（1997: 4）所言，政策網絡不論如何應用，都脫離不了行動者間的結構關係、互賴性以及動態性。雖然有幾位學者試著將政策網絡視為現代社會中的一種協調方式，或是政策過程中，各種結構變遷的現象（Kooiman 1993; Hanf and O'Toole 1992; Wellmann 1988），但在這些不同的嘗試中，政策網絡仍舊被當作分析工具在使用。因此，本研究便視政策網絡為一個描述和分析網絡行動者間互賴與互惠（reciprocal）關係的工具。

關於網絡成員間關係之研究，長期以來一直受到多元主義所支配，其最早起源於 1950 年代的美國文獻（Jordan 1990），例如

Freeman（1965: 11）主張大部分的公共政策是在執行機構、國會委員會、以及利益團體三者所組成之次級系統（sub-systems）內所完成。Cater（1964）和McConnell（1966）相信所謂的利益團體其實只是只幾個跟政府關係良好的特權團體而非所有的社會利益團體，而這些特權利益團體往往在政策制定過程中具有主導地位。接著Freeman（1965），Ripley and Franklin（1981）則聲稱大部分例行的公共政策是由次級政府（sub-governments）所發展出來的，而次級政府的組成份子包含了參眾議員、國會幕僚成員、一些官僚成員、以及一些私人組織或團體的代表等等。Lowi（1964）則用鐵三角（iron triangle）這個喻象來呈現行政機關、國會委員會、以及有組織之利益團體三者間所形成的封閉決策系統，但此一觀點立即受到多元主義者所挑戰。Heclo（1978）和McFarland（1987）認為，在特定的政策中，不同的利益之間可以展開對談，而創造出一個開放的溝通網絡，即著名的「議題網絡」（issue network），這種現象可以解釋為什麼利益團體的數目自一九七○年開始便一直有顯著的成長。在一個議題網絡中，大眾接觸公共政策制定的過程是沒有受到限制的，所有行動者都能影響政策過程，但是卻沒有任何單獨的行動者能夠主宰政策議題（Rhodes 1997: 34）。

根據 Rhodes（1997: 35-36）的說法，Richardson and Jordan（1979）受到Heclo and Wildavsky（1974）之作品極深的影響，即用社群的概念來分析英國財政部對公共支出的決策過程。Richardson and Jordan（1979: 74）強調公共政策是在政策社群中發展出來的。在政策社群中，行動者數量是有限的，包括特定的政府

機關與相關的利益團體，他們互動頻繁並分享著相同的價值觀，透過協商而決定政策。雖然 Richardson and Jordan（1979）也如同多元主義者般觀察到利益團體的數量顯著增加，但是他們主張不同的公共政策是在不同的政策網絡中所生產出來，所以逐漸增加的利益團體分散在不同的政策網絡中。基於交易理論（transaction theory），Rhodes（1981; 1988）描述政府機關與社會團體的網絡關係為一資源交換的關係，而與 Richardson and Jordan 不同的是，Rhodes（1988; 1997: 38-39）聚焦於部門間的結構關係，而非次級部門，而且，基於網絡成員的屬性以及網絡成員間資源的分佈狀況，把政策網絡分為五種類型，按照網絡成員關係的緊密程度，分別是最緊密的政策網絡、專業網絡、府際網絡、生產者網絡、到最鬆散的議題網絡。總而言之，政策網絡指涉的是政府與利益團體間各種型式的關係。

Wilks and Wright（1987: 299-300）則從社會中心途徑來分析網絡中的人際互動，他們觀察政府機關與產業間的關係後，強調次級部門層級（sub-sectoral level）才是政策制定過程的關鍵。因此他們將政策網絡分成四種政策層次，分別是政策場域（policy area）、政策部門（policy sector）、政策次級部門（policy sub-sector/policy focus）與政策議題（policy issue）。

Marsh and Rhodes（1992: 251）使用四個面向來區分政策網絡，這些面向包括了組成份子（成員的數量、利益的類型）、整合程度（互動的頻率、一致性、共識度）、資源（網絡內資源的分布、參與組織中的資源分布）、以及權力。Marsh and Rhodes 的分類是把

政策網絡視為政府與利害關係人間的關係型式，在高低整合的光譜中，政策網絡可以是高度整合的政策社群（policy community），也可能是低度整合的議題網絡（issue network）。

Van Waarden（1992）則依據參與者數量與種類、網絡功能與結構、網絡制度化程度、行為規則、權力關係、與參與者策略等七指標建構十一種之網絡類型。其中 Van Waarden 認為七項指標中有三項，即社會行動者的數量和種類、主要網絡功能與權力的平衡是最關鍵的指標。

其他對於政策網絡進行分類的文獻，例如 Atkinson and Coleman（1989），Jordon and Schubert（1992）等等，都有類似的分類面向，包含了成員（數量與成員類型）、網絡結構（結構的穩定度）、以及權力分佈。綜上所述，政策網絡是用來檢視網絡成員間結構化資源交換關係的分析工具。透過政策網絡的分析，人們可以學習到更多有關網絡中資源與權力分佈的情形，以及網絡成員為何與如何交換資源。不只如此，藉由分析動態的資源運作機制，人們可以更了解網絡在運作過程中如何進行自我組織（self-organizing）與自我修正（self-correcting）。

貳、系統思考與政策網絡途徑之比較分析

表 6-1 呈現系統思考與政策網絡兩種途徑的異同，以下將針對異同之處加以分析。

表 6-1　系統思考與政策網絡兩種途徑的異同

	系統思考	政策網絡
相似點	1. 系統行為者有其各自的目的，並且為了追求系統的目標而合作。 2. 強調系統部份的關聯性。 3. 系統的每一部份對於系統績效都負有責任。 4. 以宏觀的角度來觀察系統整體。	1. 網絡成員經由資源交換來達成網絡目標。 2. 強調網絡成員間的互惠性與互賴性。 3. 資源與權力散佈於網絡成員間。 4. 觀察網絡整體的運作以及網絡成員的資源互換。
相異點	1. 描述並模擬政策問題。 2. 重視系統結果以及結果如何改善。 3. 重視對產生特定系統行為之回饋機制的探索。	1. 描述政策系統。 2. 強調政策網絡如何運作。 3. 認為不同的網路類型代表著不同的權力分布情形。在某種特定的條件之下，支配權力是存在的。

圖表來源：作者自繪

一、兩途徑的相似處

1. 在系統／網絡中存在多元的目的

　　在一個機械系統或是有機系統中，系統要素存在而彼此互動的唯一目的是為了系統目標，而非自己單獨的目標。然而，系統思考觀點中的社會系統就不同了。在社會系統中，人類會發揮個別與集體的功能，系統行為者有其各自的目的，也為了追求系統的整體目標而合作（Ackoff 1994: 179-180）。政策網絡的概念中，網絡具有特定的功能與目標，網絡成員藉著彼此間的合作與資源互換，在共同達成網絡目標的同時，也完成了各自的目標。

2.系統／網絡行動者間的關係

Rhodes（1997: 57）認為網絡成員間關係的特徵是互惠與互賴，而非競爭。系統思考的觀點則關心關鍵的交互關係（key interrelationship）在一段時間內對系統行為的影響。雖然 Senge（1990: 44）認為，所謂交互關係乃指涉關鍵變項間的關係，而非人與人之間的關係。然本研究認為，在社會系統中，人類的思考、決策、以及策略仍然是不可忽視的決定性變項。例如，美蘇兩國軍備競賽的產生，是雙方領導人對彼此的威脅認知所做出的回應。從系統思考的觀點，系統變項是相互關聯的並具有反饋現象的，一個來自於變項 A 的細微影響，可能會透過整體系統（變項 B、C、D 等等）的運作而增強，並且反饋回變項 A。這些變項可能是客觀的事實，也可能由系統行為者的策略或決策呈現出來。換言之，系統變項間的交互關係，也應該象徵著系統行為者間的交互關係。

3.系統／網絡行動者間的權力分布

政策網絡觀點認為網絡資源散佈於網絡成員之間，擁有的資源越重要就越有權力，然而沒有任何一個網絡成員的權力大到足以支配整個網絡的運作。系統思考基於反饋的觀點，認為每一個系統成員對於系統行為都有某種程度的責任（Senge 1990: 78），系統成員所採取的策略或行為，都會透過系統中其他份子的運作而產生超乎預期的影響力，而由於人類的思維與決策過程的複雜性與動態性，所以單一的系統成員很難操縱整個系統的運作。

4.宏觀分析

誠如系統動力學者 Richmond（1991: 2）所言，「當你採取系統的觀點，也就是你試著在時間與空間上站得夠遠，以致於可以看出隱藏在系統中但導致現存系統行為的動態互惠關係（You are adopting a system viewpoint when you are standing back far enough – in both space and time – to be able to see the underlying web of ongoing, reciprocal relationships which are cycling to produce the patterns of behavior that a system is exhibiting.）。」系統動力學主張宏觀的分析方式，當分析者佔得夠高夠遠，系統中的細微部份就會逐漸模糊，而系統的長期趨勢就會越來越突顯。政策網絡基於多元主義的觀點，主張將所有關鍵行動者納入網絡分析中，企圖能看出整個政策過程的全像，所以其分析層次有微觀也有巨觀，在巨觀的分析層次中，與系統思考的分析觀點便有異曲同工之處。

二、兩途徑的差異處

首先，系統思考重視系統問題的描述與模擬，但政策網絡則聚焦於政策系統本身的描述。系統思考鼓勵分析者先確認政策問題為何，然後找出利害關係人並釐清導致系統問題的結構，所以，簡而言之，系統思考應用的起點是政策問題。然而，政策網絡重視網絡成員間資源交換與策略互動等等實況的觀察，鼓勵分析者深入了解多元行動者之間的互動模式以及網絡運作，而從此一觀察中探究政策困境。

其次，系統思考比政策網絡更強調政策結果。系統思考對於公共政策分析的最大貢獻，在於對系統中高槓桿解（high leverage solution）的探索，並進而藉此發展促進系統績效的方法。由於系統動力模型能協助政策規劃者更深入預期政策干預所可能產生的結果，因此，政策分析家期望透過系統思考的應用，能夠減緩政策問題帶來的症狀，進而解決問題，並促進系統行為。相較於系統思考，政策網絡似乎比較強調網絡運作實況以及制度上的運作，甚至制度間的連結，而較不強調政策規劃的品質或是網絡運作的結果。事實上，更確切的來說，到目前為止有關於政策結果的討論（Marsh and Rhodes 1992: 262-264; Rhodes 1988: 387-406）都較偏重描述性（例如描述哪些因素會影響網絡運作結果），而非規範性（例如改善網絡運作績效的方法）。目前幾位學者逐漸超越這個界線而在網絡如何達到最佳績效上的討論有相當的貢獻（Borzel 1997:5），然而就政策網絡長期的理論歷史發展來看，這方面的討論仍是不足的。

第三，雖然系統思考與政策網絡皆相信權力分佈與系統或網絡行動者間，但是系統思考相信系統中有某些反饋迴路能操縱特定的系統行為，而政策網絡觀點則並不強調網絡內存在著主控權力。系統思考者認定系統中總有某些重要的反饋機制主導著系統行為，這個反饋機制係由幾個系統行為者以及系統變項共同組合而成，這些反饋機制在系統運作過程的某一階段中主導著系統績效的改變。然而，政策網絡觀點相信沒有一個行動者能獨自影響網絡的發展，除非網絡成員透過策略聯盟來主導網絡的運作。然而，仔細分析相關學者對於政策網絡的分類，不論是結構緊密的政策社群，或是結構

鬆散的議題網絡，都無法說明主導權的存在。以政策社群而言，網絡成員間的權力關係雖然不平等，但是所有成員堅信他們將從網絡運作中獲利，換言之，正如（Rhodes 1997: 44）所主張的，掌握權力的網絡成員只有在一種情況下才能主導網絡運作，那就是所有網絡成員相信他們參與的是一場正和賽局（positive-sum game）的時候。至於議題網絡，由於其鬆散的結構，更難產生主導力量。很明顯地，主導權的議題在政策網絡中並非討論的焦點。

參、結合系統思考與政策網絡

一、委外課責之挑戰

委外已經成為政府提供社會服務的一項新興工具，然而政府與私部門（特別是非營利組織）之間的業務委託關係之間有關課責性的問題近年來逐漸受到重視，如何確保公私部門在協力提供社會福利服務的過程中，能夠有明確的課責架構，已經成為社會福利政策領域中主要的討論課題之一。

課責的概念，在傳統上被界定為公共服務組織對於其控制主體（controlling bodies）的可控性（controllability）和回應性（answerability）（Gergory and Hicks,1999），此一議題可以簡化成三個問題，分別是「誰該被課責？（Who is accountable?）」「對誰有責任？（to whom?）」以及「針對何事有責任？（for what?）」，而在回答「對誰有責任」以及「針對何事有責任」的問題時，課責又可以分為三

類，亦即「上行課責」（upwards accountability）、「水平課責」（horizontal accountability）與「下行課責」（downwards accountability）三類（Elcock 1996: 33-37）。社會福利服務委託外包的網絡是由三個主要網絡行動者所組成，分別是政府、業務受託機構、以及接受服務的顧客。其中，政府與業務委託機構簽訂契約來規範二者之間的協力合作關係，由於此一關係並非植基於傳統的上下層級節制，因此在課責概念中的上行課責與下行課責，似乎都很難精準地呈現公私部門的契約關係。

在社會福利服務委外關係中，若網絡運作績效不彰，無法確保服務品質時，誰該被課責？在傳統的社會福利服務提供系統之下，政府為唯一的服務提供機構，自然政府相關部門必須被課責，但是一但政府與私部門的契約關係加入的這個系統時，整個系統的動態性與複雜性更勝以往，課責的路徑將比過去更難釐清。對於接受業務委託的私人機構而言，當機構無法提供適當的服務給需要幫助的顧客時，政府與顧客應該課究其責。同時，政府也應該負起責信，因為在受託機構的選擇上，以及在服務品質的監督上，政府都難辭其咎。

圖 6-1 描繪出委外政策網絡中，主要網絡成員的互動現狀。政府用來監控受託機構的策略有很多，包括財務支助、提供明確且合適的準則、定期的評估、提供獎懲機制等，而政府對於顧客的責任，則是確實了解顧客的需求，維持社會正義與公共利益。受託機構則遵守政府提供的服務準則、定期繳交會計報告、提出服務計畫與雇用相關專業人才等，對於顧客則應該提供適當與公平的服務。

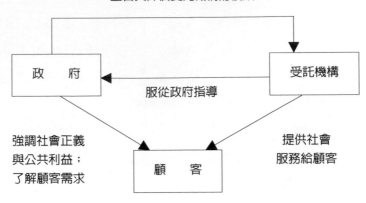

監督與評估受託機構的績效

政　府　　　服從政府指導　　　受託機構

強調社會正義
與公共利益；
了解顧客需求　　　　顧　客　　　提供社會
服務給顧客

圖 6-1　委外政策網絡：網絡行動者間之互動

圖表來源：作者自繪

　　圖 6-1 中 的 政 策 網 絡 忽 略 了 新 公 共 管 理（ New Public Management, NPM）運動中所倡導的顧客取向（client oriented）的概念。新公共管理擷取了企業界的管理、報告與會計方式，而將之運到公部門組織再造（Dunleavy and Hood 1994: 9）。倡導者堅信，透過企業界行之有年的管理工具，可以促進公部門的績效，使政府的服務輸送更具回應性（reponsibility）、顧客導向（customer-oriented）與結果導向（outcome-oriented）。因此，了解顧客真正的需求為政府具備回應性與顧客導向性的基礎，顧客需求不應該被政府來決定，因為只有顧客本身才能真正了解自己的需求，所以，直接來自顧客的要求才應該是政府與受託機構應該重視的資訊。在此，本研究企圖為社福顧客在委外網絡中重新定位，並引進非正式的顧客課責於此網絡中。

二、利用政策網絡途徑發展網絡課責架構

Rhodes（1988: 402-406）基於政策網絡的概念，認為網絡運作績效不彰的責任不應該落在任何單一的網絡成員身上，他引入了課責系統（system of accountability）的概念，認為政策問題的產生並非網絡中單一機構的責任，而是機構間互動的結果（Rhodes 1988: 404），因此課責必因著不同的政策與不同的網絡而有不同的對象（Rhodes 1988: 405; 1997: 21）。Barker（1982: 17）與 Rhodes 抱持著相同的概念，主張應建構一個網絡成員間相互課責的網絡（a network of mutual accountability among network actors）。Bardach（1998）把網絡成員間的課責關係分為三類，第一是同儕課責（peer accountability），強調自我監督或同儕監督的機制；第二是注重結果的課責（results-focused accountability），強調必須由網絡參與者共同決定什麼是期望的網絡運作結果；第三是利害關係人導向的課責（stakeholder-driven accountability），強調的是所有網絡參與者之間的合作，特別是接受服務的顧客也被囊括其中。

上述三種網絡課責方式可以同時融入圖6-1所示的網絡成員互動中。首先，自我監督或自我評估的課責方式，可以適用於政府部門與受託機構，而且自我評估的結果應該能被公開化以接受大眾檢視。至於重視結果的課責方式，則可以透過政府與受託機構的協商，並參考顧客對於己身需求的意見回饋，而共同構築所欲之政策網絡結果，並且基此共識發展自我評估之標準。在利害關係人導向的課責上，本文亟欲強調顧客在網絡中的非正式責任，換言之，就

是強調顧客回饋的資訊在提升網絡結果上的重要性。由於接受福利
服務的顧客分殊性大，每一個個案的需求不盡相同，若要提供有品
質的服務給予這些福利個案，政府與受託機構就必須要傾聽他們的
需求，而顧客也必須有責任說出他們的需求，並且讓政府部門與受
託機構了解他們對於服務的滿意程度，以讓服務提供者有足夠的參
考來改善服務品質。圖 6-2 描繪了委外網絡中的課責架構。圖 6-1
與圖 6-2 最大的不同，在於圖 6-2 強調顧客的資訊回饋。在這個課
責架構中，顧客不再只是服務接受者，而是主動的資訊提供者。

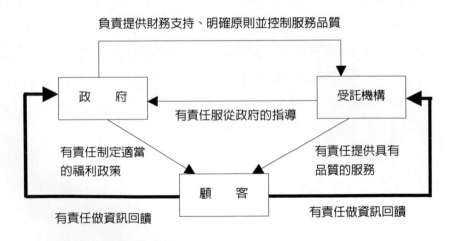

圖 6-2　委外政策網絡：網絡行動者的責任

圖表來源：作者自繪

　　雖然政策網絡途徑描繪出網絡成員所擁有的資源，以及資源互動的過程，但是仍無法幫助網絡成員了解其各自的行動與策略如何影響整體網絡的運作。當網絡運作過程越複雜，參與者越難了解個別的行動對網絡運作的真正影響。因此，網絡成員可能會高估或低估他們對整體網絡的影響力，而採取不當的回應策略，最後對整個系統造成巨大傷害。所以，筆者相信，若能增進網絡參與者對本身之網絡定位與影響力的了解，在同時達成網絡目標與個人目標的前提之下，將有助於網絡整體的運作，而系統思考應該是能協助網絡參與者轉變心智模式（mental model）並促進學習過程的良好工具。

三、系統思考的貢獻

　　政策網絡在資源互換上的強調，對於系統思考者來說，是一個很好的提醒。特別是系統思考要應用在公共政策領域時，需要了解社會系統是組成份子互動的結果，不論在哪個政策領域中，不同的利害關係人為了某種目的參與這個系統運作，在從系統中得到好處的同時，也貢獻資源於系統中。政策網絡的觀點剛好呈現了社會系統這項重要本質。即使如此，政策網絡觀點欠缺的就是增進網絡行動者學習本身定位的功能，而這個部份卻可以由系統思考途徑來完成。

　　在建構委外系統的課責架構上，系統思考如何發揮功能？誠如前述，系統思考專注於系統問題的探索，而非系統本身的運作，雖然系統問題導因於系統運作，但系統動力學模型的建構，是圍繞著系統問題出發的。因此，要利用系統思考途徑於委外系統的課責架構上，首先要問的是，這個系統出了什麼問題？政府業務委託外

包，近年來是幫助政府解套的有效方法，政府不但可以利用民間的
專業資源以及有效率的行政方式來提供服務，也可以將本身的人力
物力資源做更有效率的運用。這樣看似面面俱到的新興方式，近來
逐漸受到不少檢討，其中一個最主要的原因，便是社會福利服務品
質似乎沒有因著委託外包的盛行而如預期般地提升，也因此引發各
界對於該系統課責議題的疑慮與重視。因此，在企圖利用系統思考
促進系統行動者的學習進而建構網絡課責架構之前，可以先利用此
途徑探索系統問題的發生原因。本文認為 Senge（1990）以「成長
上限」（limit to grow）的系統架構來解釋一個系統成長停滯的現
象，可以用來解釋福利服務品質受到質疑的原因。一個成長停滯的
系統行為，就如同圖 6-3 所示，剛開始會有指數型的成長情況，接
著會出現目標傾向的行為，之後可能會出現停滯狀態，也可能出現
系統衰退的行為，而這種成長停滯的現象，剛好描繪出本文所探討
的福利服務品質在委託外包制度出現之初表現良好並被寄予厚
望，但近年來卻逐漸受到檢討的原因。

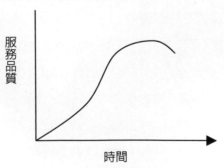

圖 6-3　「成長極限」的系統行為

圖表來源：作者自繪

　　基於結構影響行為的信念，圖6-4、6-5與6-6顯示了特殊的系統結構可能導致福利服務品質無法提升的問題。首先，圖6-4解釋了為什麼在推行社會福利服務業務委外數十年後，服務品質會開始引起疑慮的原因。在迴路A中，當政府對委外的信賴增加時，會變得更願意提供各項支持給受託機構，也更能放心授權，使受託機構增加行政上的彈性，如此受託機構不論在規劃服務輸送機制或是實際操作過程中的自由度就會越大。基於新公共管理的觀點，私部門在資源的運用上比公部門更有效率，如此一來，福利服務的品質在受託機構的行政彈性下，應會有所提升。很明顯的，迴路A是一個不斷增強的反饋迴路，在迴路A中有一個滑下山坡的小雪球，代表著這個迴路如重力加速度般地不斷自我增強的力量。迴路B是一個具有抵銷功能的平衡回饋機制，其功能正如迴路中的小天平一般。在此，迴路B呈現出一個現象，就是政府對委外的信任將增強政府對於此一新系統的依賴。特別是隨著長期的契約關係，政府將失去他們對輸送社會服務的實質能力，因為有限的人力資源會促使公部門重整人力配置，將原本用於福利服務輸送的人力抽離調動至無法委外的業務上。當政府逐漸失去輸送服務的能力，也代表著其對於受託機構的越加依賴，至此，政府的監督容易流於形式，再也無法確切保證受託機構的服務輸送品質。圖6-4清楚地呈現一個可能性，那就是當迴路B開始抵銷迴路A對於服務品質提升的作用力時，服務品質將開始受到質疑。

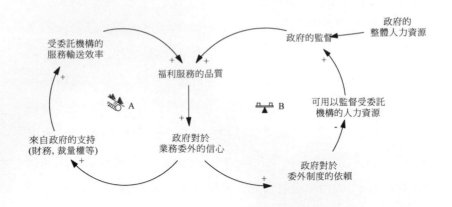

圖 6-4　社會服務品質受到質疑的原因

圖表來源：作者自繪

　　圖 6-5 呈現出福利服務品質受到質疑的另一個原因。迴路 C 說明一個事實，就是政府若採用刪減財務補助來處罰績效不彰的受委託機構，將使受委託機構更加捉襟見肘，進而影響福利服務的品質，若此時政府更因此進一步刪減財務補助，將使迴路 C 進入一個越來越增強的惡性循環中，服務品質將更難改善。此時，迴路 B（與圖 6-4 中的迴路 B 相同）扮演的又是一個平衡的功能。換言之，服務品質不可能無限制地降低，因為政府會因著服務品質的逐漸低落而產生某種程度的警戒，加強對受委託機構的監督。

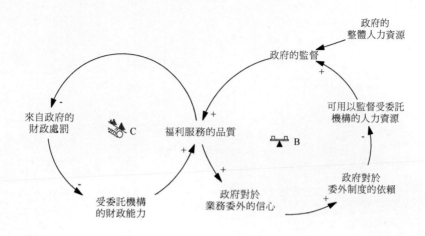

圖 6-5　使用財務處罰的可能影響

圖表來源：作者自繪

　　圖6-6可以幫助接受福利服務的顧客更加認識他們在委外系統中的積極功能。其中，迴路D聚焦於顧客提供相關資訊的意願，此資訊包含了顧客的真正需求、對於服務的期待、以及目前的滿意度等等。顧客提供資訊的意願越高，就有可能幫助提升受託機構的服務品質。當顧客認知到他們所提供的資訊能積極影響社會服務的品質時，應該會增加他們提供相關資訊的意願。圖6-6中的迴路B與在圖 6-4、6-5 中的迴路B完全相同，呈現出政府對服務品質監督的重要性。顯然，為了改善服務品質成長停滯的系統行為，迴路B是一個解決問題的重要關鍵，似乎維持較高的品質監督機制，讓政府在逐漸依賴委外機構的同時，仍能維持足夠數量的人力資源進行服務品質的監督控管，將是其中一個可能解決問題的槓桿解。

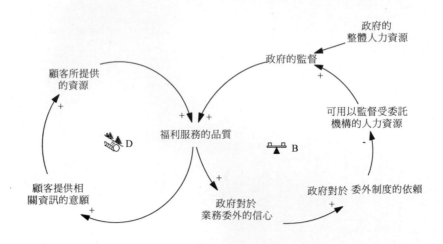

圖 6-6　顧客在系統中的積極功能

圖表來源：作者自繪

　　綜觀上述所有的因果迴路圖，沒有任何獨立的系統行為者能單獨負起福利服務品質降低的責任，從各種回饋環路來看，系統結構才是問題的主因。這些回饋機制提醒所有的系統參與者在系統中的獨特功能與角色。特別是接受福利服務的顧客不再是被動的角色，而可以是改善系統績效的主動參與者。即使法令無法規範顧客的資訊回饋為顧客的法定責任，但是卻可以透過各種機制幫助顧客了解其對於這個系統的非正式責任。除此之外，上述因果環路圖將有助於網絡參與者間的溝通，特別是當參與者間需要對於特定議題達成共識時，透過簡單的圖形與語言，將有助於參與者之間的相互了解與討論。

肆、小結

　　系統思考與政策網絡長期以來皆個別運用在公共政策領域之中，兩途徑主張資源和權力分散於網絡／系統行動者中，並強調行動者間的互動關係影響了網絡／系統的運作，也因此每一個行動者的行為或策略對於網絡運作成果或是系統績效都會有所影響。所以，我們很難針對單一行動者課責，網絡／系統課責的概念於焉產生。

　　即使系統思考與政策網絡觀點有諸多相似之處，但二者的焦點主張仍有數項差異，這使得二者對於委外課責架構的建立有不同的貢獻，政策網絡途徑幫助網絡行動者更了解網絡成員互動的本質以及資訊交換的內涵，並確立本身在網絡中之「資源擁有者」的角色，而非消極的環境反應者。即使如此，政策網絡觀點卻無法幫助網絡成員了解自己對於整體網絡運作的影響力。系統思考在此發揮了幫助網絡成員學習的功能，透過對系統問題行為的分析、回饋環路的語言、以及系統動力模型的模擬結果，可以讓網絡成員對於自己在網絡中的地位有更深入的學習。本文相信，透過網絡成員自我認知的轉變，可以建構網絡課責架構，並進而改善網絡運作的成果。

第三節　系統思考概念模型運用之二：
檢視台北市政府社政單位部際互動的困境

　　近年來，社會福利分權化使得地方政府在福利政策的制定及執行上扮演著關鍵的角色，地方政府不論是在設計福利服務輸送系統上，或是決定採取委外方式以提升政策執行效能的過程中，都擁有更多的裁量權。在地方政府社會福利服務遞送網絡中，與政府有契約關係的受託機構成為近年來相關討論的焦點，但公部門角色的重新定位或行政績效等議題則較少受到重視，然而公部門的重要性並不因此而降低，特別是地方社會福利服務輸送系統中，基層社政單位的功能是不容小覷的，因為基層人員有較多的機會接觸社會福利案主，他們不但了解案主的需求，也是轄區內弱勢族群尋求政府幫助的第一線。因此，筆者認為地方社政單位在執行政策過程中的互動方式，應該受到重視。

　　我國地方政府社會福利遞送系統包含了市政府社會局、各行政區的社會課、以及接受政府業務委託的機構。市政府社會局的主要工作在於制定地方福利政策、設計福利遞送系統、分配地方福利資源、選擇承包機構、以及委託業務給社會課等的基層公務機關。以本研究對象的台北市而言，全市分為 12 個行政區，區公所的行政是受到市府內與社會局同級的民政局監督。在本例中，社會課被社會局賦予執行社會福利政策的任務，但其所屬之區公所卻直接受到民政局之監督。一般而言，社會局與社會課之間的業務委託關係受

到行政規則的規範，台北市是依照「台北市政府各機關業務權限委任委託區公所執行作業要點」辦理[2]。

本研究植基於本書第五章對於地方政府社政單位部際關係的質性研究結果，企圖進一步從系統思考的觀點來提供政策建言。本文的主要目的有二：(1)採用動態系統的觀點，利用概念模型展示地方社福政策執行過程中，部際關係的困境與導因；(2)從系統中找出槓桿解，藉此對未來政策執行系統之安排提出建議。本文的概念模型結合了系統動力觀點，政策執行理論，以及深入訪談之質性資料，深入訪談的對象為四位台北市社會局具有決策權力者，以及五位區公所社會課成員，訪談對象的遴選方式請參考本書第五章。

壹、為什麼使用系統思考

雖然系統思考的觀念是由作業研究（Operational Research）以及一般系統理論（System Theory）等學科中逐步發展而來，但是系統思考被作為研究組織行為及管理的分析工具已長達二十年之久（Richardson 1991; Senge 1990），這是因為系統思考的各種特點對於社會科學，特別是組織管理或是政策分析上的研究與改善是相當有幫助的，而系統思考的實際操作面－系統動力模型，更是幫助政策分析者預測政策長期影響的有效工具。本研究採用系統動力觀點主要原因如下：

---

[2] 請參考本書第五章對於社會局與社會課權責關係說明。

1. 系統動力學有助於將大量的訊息及變項整合於單一的分析
架構中，且此架構能清楚地顯示出複雜的地方福利系統彼此
間相互依存的關係。由於地方福利系統及其問題過於複雜，
因此若不使用一個可以同時呈現多種面向的模型來展示，那
麼我們很難掌握現實世界複雜互動過程的全像。與傳統以統
計分析為基礎的研究方法比較，系統動力學具有兩個優勢：
第一，系統動力模型包含了真實系統中的各種變項與互動關
係，使我們對於社會福利系統有更全面性的了解；第二，系
統動力模型包含了回饋機制、時間滯延、以及非線性結構，
這種以動態的方式來呈現系統現狀，是統計方法比較無法達
成的。

2. 系統動力學是結構取向的研究途徑（Meadows 1980; Richardson
and Pugh 1981），簡言之，本研究途徑乃是基於如下的前提，
「動態的行為是系統結構所產生的結果（Dynamic behavior
is a consequence of system structure）」（Richardson and Pugh
1981: 8）。當系統動力模型能囊括導致系統問題的重要變項
時，就可以被利用來尋找造成問題的結構原因與解決問題的
手段。系統動力學主張透過系統內部的結構可以找出槓桿
解，而不期望從系統外部可以找到解決問題的方法。

3. 系統動力學中回饋環路的圖示提供了不同領域的專業學者
一項良好易懂的溝通工具。由於系統複雜性以及語言的限
制，若要完全準確地用言辭表達一個系統故事是不容易的。
在本研究中，利用回饋環路的方式更能輕易地描繪出現實系

統的複雜性，且此圖示更成為政策利害相關人（包含政策分析家、政策制訂者以及大眾）彼此溝通交流的一項好工具。總而言之，系統動力學是政策執行前促進溝通並取得彼此共識的一項好工具（Forrester 1994: 247）。

貳、部際關係的困境

從本書第五章對於訪談結果的分析，可以歸納出台北市社會局與社會課之間在執行社會福利政策過程中的互動困境，分別是溝通上的困境、資源互動的困境、以及部際文化的困境。在此，本文將以系統概念模型來解釋這些互動困境如何影響二者的合作意願，進而影響政策執行成果。

一、溝通上的困境

由訪談資料得知，不論是社會局或社會課，組織內部的溝通管道都暢通而有效率，無論是正式或非正式的溝通都受到鼓勵。以社會局內部而言，強調團隊合作、腦力激盪、以及公文往返以外的跨層級溝通。至於溝通的內容範圍甚廣，包括有關福利計畫正反意見的完整討論、新政策的成本效益分析、以及各種方案的替代選擇等等。以社會課內部而言，訪談資料顯示單位內鼓勵成員隨時隨地溝通，不受限於紙本文件或正式會議。

但是，社會局與社會課之間的溝通，則沒有內部溝通般地暢通與效率。第一，兩單位對於部際溝通方式與結果有不同的認知。社

會局受訪者相信目前的部際溝通方式非常有效率,因為部際溝通的管道很多,例如協調會、說明會等等。特別是政策有大規模變動時,社會局通常會邀請社會課基層人員、地方福利機構僱員以及非營利組織代表等利害關係人開會協調溝通,以達到彼此交換訊息及討論相關議題的功能。根據社會局的受訪者表示,唯有在得到利害關係人對於新政策的了解與共識之後,新政策才會付諸實行。但是,社會課受訪者認為大部份的協調會議都以告知為主,而非溝通,基層人員很少有建議的空間,因為社會局對於社會課的建議不常有具體的回應。

　　第二,僅管社會課人員是主要的政策執行者,但是他們在政策調整或新政策上路前可能未被先行告知;偶爾,社會局發布消息給大眾媒體甚至先於社會課。在這樣的情形下,社會課人員容易受到大眾無效率的批評,因為他們必須處理大眾的詢問但是卻只擁有與一般民眾相同來源的訊息,更糟的例子是社會局發函告知案主政策變遷的相關訊息,卻未事先告知社會課,使社會課在接獲第一通詢問電話之後才得知政策變遷的消息。這樣的情況不僅造成社會課成員與公民之間溝通上的問題,同時也使社會課在大眾看來是不具效率的機關。

　　從系統動力學的觀點來看,兩機關間的溝通機制影響了他們之間的合作關係。圖 6-7 左下部份顯示社會局對於溝通的態度[3]。從

---

[3]　連接兩個變項的箭頭代表了因果關係,箭頭旁的正負符號表示兩個變項的正負向關係。正向關係代表兩個變項的發展方向相同(同時增加或同時減少),負向關係代表發展方向相反(一個增加時,另一個就會減少)。

訪談資料得知社會局相信部際溝通是充足有效的，這樣的認知便無法促使社會局有改善溝通的意願。此外，社會局在行政體系上的職位優於社會課，這種來自官僚層級的優越感，容易使社會局忽視改善部際溝通的重要性，如此在雙重因素影響之下，社會局對於改善部際溝通的意願自然無法提高，進而對溝通的結果有負面影響。其實，各種溝通管道的存在並不等同於有效的溝通，所謂有效的溝通指的是利害關係人對於溝通結果能感到滿意，或至少對於彼此立場能有完全的了解，進而培養共同解決問題的意願。如果基層執行人員無法感受到社會局接納社會課建議的誠意，那麼對於社會課的合作意願必然產生負面的影響。不只如此，溝通的結果也會影響社會課的溝通意願，誠如圖 6-7 右上的增強迴路（以符號 "＋" 表示，又稱正環），說明了無效的溝通會使社會課人員對於未來的溝通採取悲觀的態度，因此降低了他們溝通的意願，進而使溝通結果更無法改善。圖 6-7 右下的平衡迴路（以符號 "－" 表示，又稱負環）顯示出無效的溝通可能也會激勵社會課成員尋求更多的溝通，因為他們終究需要完成社會局所委託的任務，所以社會課成員必須透過更進一步的溝通以解決問題。這樣的機制自然改善了社會課的溝通意願，進而對於溝通結果有正面的影響。但是，從社會課成員的訪談當中發現，正環的影響力似乎比負環強烈，因為成員明顯表示對於溝通意願的負面態度。

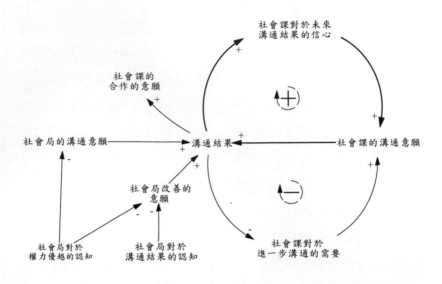

圖 6-7　部際溝通的困境

圖表來源：作者自繪

二、資源交換的困境

　　部際資源交換的困境導因於社會局提供的有限資源不足以應付社會課辦理委託業務。在此系統中，社會局能提供的資源是財務支持、時間（社會課因應政策變遷的時間）、以及賦予社會課的行政裁量權，而社會課所能提供的資源主要為專業的第一線人員、轄區內弱勢族群的詳細資訊、以及與弱勢族群因經常接觸而建立的信任感。圖 6-8 說明了目前部際資源交換的最大困境，是社會局給予社會課的因應時間與財政支持不足所導致。在因應時間方面，誠如前述，社會課成員希望有更多的時間對政策變遷作出回應，所以，

遇有政策變遷，社會局應當給予社會課充足而即時的資訊，以利社
會課的行政作業以及回應大眾諮詢。如果因應時間不足，容易使社
會課在極短的時間之內，累積大量的工作量，因而引發一個自我增
強的迴路（圖右）。這個正環顯示，工作量的累積使得超時工作成
了唯一的解決辦法，而公部門中處理加班時數的方式有兩種，一種
是以補休假的方式消耗時數，另一種是發放加班費。然而在業務繁
忙的季節，補休假將使業務量累積得更多，但是來自社會局的經費
支持有限，使發放加班費一途也變得不可能。

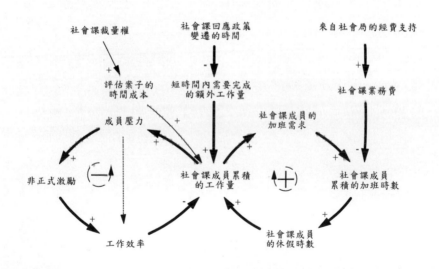

圖 6-8　資源交換的困境

圖表來源：作者自繪

　　根據「台北市政府各機關業務權限委任委託區公所執行作業要點」，社會局必須負責提供社會課執行委託計畫的人員及經費。此一規定只有在市政府不具財政壓力的情況下社會局才能夠輕易的遵守，否則社會局能夠提供的人力與物力資源將相當有限，與社會課之間的合作會變得越來越困難。但是，繼社會局與社會課之間長期的合作關係後，儘管缺乏財務上的支持，社會課似乎無法拒絕社會局所委託的任務，一方面因為社會局在長期委託社會課之後，已無額外的人力物力處理繁瑣業務，另一方面，任意改變案主尋求協助的管道並不便民，因此，社會課一但承接業務委託，幾乎很少將業務轉交回社會局辦理。圖 6-8 顯示，在社會課業務繁忙之際，基層承辦人員以休假消耗加班時數既非可行之路，但加班費又付之闕如，使得基層人員在工作量不斷累積的情況下，容易產生工作壓力。圖 6-8 左邊的平衡迴路顯示，社會課課長與承辦人員之間的非正式激勵，是其中一個幫助承辦人員在工作壓力下仍能維持一定程度工作效率的原因。

　　圖 6-9 右邊的自我增強迴路說明了兩個事實。第一，基層人員不斷累積的工作量，將對其合作意願有負面的影響。第二，社會局非常需要社會課專業的人力配合，因為若部際合作程度高，代表社會局所需面對之繁瑣業務相對減少，然近年來我國不斷邁向福利國的腳步，使得地方政府所需面對的社會福利業務日趨增加，因此，社會局在地方社會福利責任不斷增加的同時，會越需要委託業務給社會課，這也是社會課業務逐年增加的主要原因，然而在各方資源不足的情況下，社會課的業務累積將不斷影響其合作意願，進而影響了部際合作的程度，產生目前所觀察到的惡性循環。當然，誠如

圖 6-9 左方的平衡迴路所示，社會課承辦人員在正式的考績制度之
下，仍會維持一定的合作意願，此一平衡環路，再加上圖6-8左方的
平衡環路，似乎是目前幫助維持基層承辦人員工作動機的主要力量。

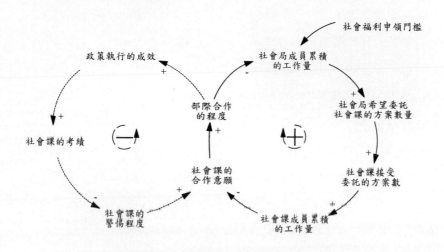

圖 6-9　社會局與社會課的合作意願

圖表來源：作者自繪

三、部際文化的困境

　　社會局與社會課兩單位內部的組織文化皆具有人道關懷的特
質，受訪者對於本身所屬單位的認同度相當高，並且強調人性化與
和諧的工作環境，這從上述單位內部溝通管道暢通；以及注重成員
間的協調等等現象也可窺知一二。然而，當受訪者觸及部際互動的
問題時，則態度轉趨保留。從上述部際溝通與資源交換的困境中可
以得知，社會局與社會課之間彼此的了解程度有限，部際文化雖然

　　沒有顯現出檯面上明顯的衝突，但是來自基層的聲音卻似乎很難上達社會局，這種隱而未顯的不滿，長期累積下來勢必對政策執行結果產生影響。圖 6-10 中間的增強迴路 A，說明了部際文化對於此系統的影響力。合作的部際文化，影響了部際溝通的過程與結果，當參與溝通的雙方已心存芥蒂，自然有礙溝通的進行，誠如圖 6-7 所示，部際溝通的結果將對社會課的合作意願產生影響，而在圖 6-10 中又可清楚看出，社會課的合作意願關係到部際合作的程度，進而影響部際文化的建構，這環環相扣的關係，若一旦往負面方向前進，便容易導致惡性循環。此時，唯一能夠制衡這個惡性循環的，只有圖 6-10 右方的平衡環路，也就是透過正式的考績制度形成一股牽制的力量，但是，這份牽制力應該只能維持基層承辦人員的基本工作動機，很難鼓勵基層人員積極獻身政策執行。

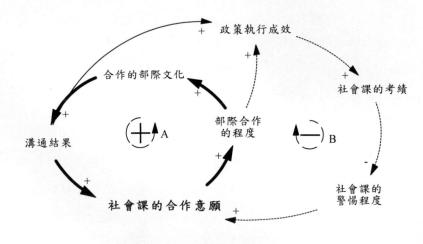

圖 6-10　部際文化的影響力

圖表來源：作者自繪

四、系統整合

　　綜合上述，部際合作的困境關鍵在於社會局與社會課的合作意願。社會局對於社會課所提供的專業支持有相當程度的依賴，其委託社會課業務的意願相當強烈，如此看來，社會課成員的合作意願變得更加重要，換言之，在正式考績制度所誘發出來的基本工作動機之外，如果基層承辦人員能有更積極的心態與意願參與政策執行，那麼政策執行結果應該會有改善的可能。

　　然而，社會課的合作意願，卻與社會局的資源支持以及溝通態度息息相關。影響社會課合作意願的原因，有溝通結果（如圖 6-7 所示）、社會課成員累積的工作量（如圖 6-9 所示）等等，前者受到社會局溝通與否的態度所影響，後者受到社會局提供資源充足與否所影響，而這些互動態度與結果都成為建構部際文化的關鍵元素。一但部際文化中的衝突已然形成，若社會局仍舊維持原來的溝通態度與對溝通結果的認知，再加上市政府面臨財政壓力之下所導致的財政資源不足，都將惡化這個系統的運作，引發自我增強迴路的力量，造成惡性循環，使社會課成員的合作意願更形低落，而最終他們將只能靠著正式的考核機制勉強維持基本工作動機，或是靠著單位內非正式的激勵支撐僅存的工作熱情，但後者非常容易受到主管特質的影響，也就是說，若社會課長的個人特質不善於營造非正式激勵的氣氛，那麼就僅存正式考核制度來維持基層人員的工作動機了。

參、從系統槓桿解探索政策建議

　　一個系統思考者相信，解決系統問題的槓桿解大都存在於平衡
環路（負環），從上述的系統概念模型的分析中，可得下列幾點政
策建議：

　　第一，從圖 6-7 中可以清楚看出，社會局與社會課對於溝通結
果的認知存在著相當大的差異，而關鍵在於社會局視溝通管道的存
在等同於有效的溝通，但是社會課則不然。在圖 6-7 的系統結構中
呈現了兩個槓桿解。第一是加強圖右下方的平衡環路，也就是設法
讓社會課成員繼續維持與社會局進行溝通的意願，第二是設法使社
會局對於溝通結果的認知能夠真實反應溝通的結果，改變社會局成
員的心智模式，不再認為開會等於溝通有效，而應該真正面對來自
社會課的反應，如此才有可能在這個系統中建立一個更具有制衡力
量的負環。

　　第二，非正式激勵的重要性不容忽視。從圖 6-8 可以看出，單
位內非正式的激勵是維持承辦人員工作動機的方式。事實上，從上
述分析可以看出，地方社會福利執行系統中有很多因素導致社會局
與社會課的部際關係產生惡性循環，特別是無效率的溝通以及資源
的不足，對於部際合作的程度都產生負面的影響。此時，若只靠正
式的考核制度（系統中僅有的平衡環路）來維持系統行動者的合作
動機，可能不足以制衡幾個代表惡性循環的增強環路。因此，系統
中應該建立另一個有效的平衡機制，就是非正式激勵。雖然這種方
式目前只存在單位內部而非部際之間，但本文建議社會局應該利用

與社會課溝通的各種機會，以非正式激勵的方式讓社會課承辦人員感受到來自社會局的鼓勵與了解，使單位內的非正式激勵延伸至單位間，讓圖 6-8 負環的平衡力量不只來自於單位內部，也來自社會局，如此將可能有效制衡上述部際關係的惡性循環。

第三，除了加強非正式激勵以外，從圖 6-8 也可以看出適量的資源挹注將有助於減緩社會課累積之工作量，如果圖 6-8 右方的增強環路已發展成惡性循環，那麼資源挹注將可減緩惡性循環的發展，甚至可能啟動此環往正面方向的發展。因此，建議社會局遇有政策調整計畫，應該及早通知社會課，使其有適當的反應時間，而不至於在短時間內增加大量非預期的工作量。其次，在社會課業務繁忙的季節（例如年度複審），社會局若能儘量增加財務方面的補助，使社會課有充分的業務費與加班費，那麼不但可以消耗基層承辦員累積的加班時數，也可以讓承辦員有辛苦工作受到尊重的感覺。

第四，制度的設計會強烈影響政策執行參與者的行為，所以建議建立社會局與社會課之間正式的委託計畫考核制度，也就是加強圖 6-9 中負環的功能。在本研究中，社會局在行政體系上的職等高於社會課，但社會課卻不受社會局的行政監督，二者間的委託關係只受到行政規則所規範。從社會局的視角來看，行政法規視社會局為社會課之上級，且社會局擁有委託社會課執行地方福利業務並且對其成效評鑑的權力，但是社會課僅視此業務委託關係為伙伴關係，且行政法規只有在社會課成員刻意不當執行政策時才具有懲罰的效力。換言之，如果社會局對於社會課的執行成效不滿意，社會

局擁有收回委託案的權力。然而,由於社會局本身在長期委託業務予社會課的情況下,已逐漸失去處理繁瑣業務的人力與資源,所以社會局通常不會將委託業務收回處理。顯而易見地,社會局和社會課兩者對於彼此間的關係有著不同的觀點。雖然社會局人員可能聲稱他們與社會課的關係是以合作為基礎而非權力,但社會局人員緩慢回應(或甚至沒有回應)社會課之建議的現象,很難看出社會局採取夥伴合作的態度,因為伙伴關係應該隱含著權力平衡,而且合作的產生通常是協商的結果(Elazar 1972: 3)。所以,為了讓兩單位對於彼此的合作關係有趨同的態度,本研究建議二者之間應該有更詳細的委託業務考核制度,讓二者的關係能夠更明確。

第四節　總結與後續研究

上述兩例,都只使用系統思考的概念模型作為分析工具,這些概念模型的溝通功能甚於政策預測的功能。所以,為了要使概念模型更具說服力,而不只停留在助於網絡溝通的階段,未來應該將此概念模型程式化,使之成為可以運用電腦模擬的系統動力模型。系統動力學提供了一連串的技術用來建構並模擬模型,本章中所有的概念模型透過模型公式化(model formulation)之後,皆可以建構出一個具有數學意義的可模擬模型。在模型公式化的階段中,需要完整的資料蒐集,並將資料轉化為數學方程式。有些資料可以具體從相關文件中獲得,但有些則需要靠專家的猜測,通常後者需要邀

請利害關係人舉行討論會以蒐集資訊。模型模擬結果是希望展示出長期的系統行為，找出槓桿解，並測試槓桿解的長期影響。

雖然系統動力學非常倚賴數據，但是筆者相信質性資料對於系統動力模型的建構有很大的助益。誠如本章之第二例，質性的訪談資料幫助筆者深入了解地方福利服務輸送系統的運作，以及系統參與者間的互動與態度，進而利用系統思考的基本工具將部際互動的困境概念化為幾個動態的回饋機制，顯然，質性資料提供了數據資料無法呈現的系統內涵。雖然本章至目前為止，只能初步探索系統中可能的槓桿解，但今後若能結合量化數據，進行系統動力模型的建構與政策測試，預期將能進一步提出更具體的政策建議。

參考文獻

Ackoff, Russell L. 1994. Systems Thinking and Thinking Systems. *System Dynamics Review* 10(2-3): 175-188.

Atkinson, Michael M. and William D. Coleman. 1989. Strong States and Weak States: Sectoral Policy Networks in Advanced Capitalist Economies. *British Journal of Political Science* 14(1): 46-67.

Bardach, Eugene. 1998. *Managerial Craftsmanship: Getting Agencies to Work Together.* Washington, DC: Brookings Institution.

Barker, Anthony. 1982. Governmental Bodies and Networks of Mutual Accountability. In *Quangos in Brita*, edited by Anthony Barker, 3-33. London: Macmillan.

Borzel, Tanja A. 1997. What's So Special About Policy Networks? – An Exploration of the Concept and Its Usefulness in Studying European Governance. *European Integration Online Papers* 1(16). 網址：url: http://eiop.or.at/eiop/texte/1997-016a.htm.(檢閱日期：2006 年 8 月 7 日)

Cater, Douglass. 1964. *Power in Washington.* New York, NY: Random House.

Dunleavy, Patrick and Christopher C. Hood. 1994. From Old Public Administration to New Public Management. *Public Money and Management* 14(2): pp.9-16.

Elcock, Howard. 1996. What Price Citizenship? Public Management and the Citizen's Charter. In *The Citizen's Charte,* edited by J.A. Chandler, 24-39. Brookfield, VT: Dartmouth Pub. Co.

Elazar, Daniel. 1972. *American Federalism: A View from the States.* New York: Thomas Crowell Co.

Espejo, Raul. 1994. What is Systemic Thinking? *System Dynamics Review* 10(2-3): 199-212.

Forrester, Jay W. 1994. System Dynamics, Systems Thinking, and Soft OR. *System Dynamics Review* 10(2-3): 245-256.

Freeman, J.L. 1965. *The Policy Process.* New York, NY:Doubleday.

Hanf, Kenneth and Laurence J. O'Toole, Jr. 1992. Revisiting Old Friends: Networks, Implementation Structures and the Management of Inter-organizational Relations. in *Policy Network, Special Issue of*

European Journal of Political Research, edited by A. Grant Jordan and Klaus Schubert, 21(1-2): 163-180.

Heclo, Hugh 1978. Issue Networks and the Executive Establishment. In *The New American Political System*, edited by Anthony King, 87-124. Washington, DC: American Enterprise Institute.

--- and Aaron Wildavsky. 1974. *The Private Government of Public Money*. London, UK: Macmillan.

Jordan, A. Grant. 1990. Sub-governments, Policy Communities and Networks--Refilling the Old Bottles? *Journal of Theoretical Politics* 2: 319-338.

--- and Klaus Schubert. 1992. A Preliminary Ordering of Policy Network Labelling. In *Policy Network, Special Issue of European Journal of Political Research*, edited by Grant Jordan and Klaus Schubert, 21(1-2): 7-28.

Kooiman, Jan. 1993. Social-political Governance: Introduction. In *Modern Governance. New Government-Society Interactions*, edited by Jan Kooiman, 1-6. London: Sage Publication.

Lowi, Theodore J. 1964. American Business, Public Policy, Case Studies and Political Theory. *World Politics* 16: 676-715.

Marsh, David and R.A.W. Rhodes (eds.) 1992. *Policy Networks in British Government*. Oxford: Clarendon Press.

McConnell, Grant. 1966. *Private Power and American Democracy*. New York, NY: Knopf.

McFarland, Andrew. 1987. Interest Groups and Theories of Power in America. *British Journal of Political Science* 17: 129-147.

Meadows, Donella H.1980. The unavoidable a priori. In *Elements of the System Dynamics Method*, edited by Jorgen Randers, 23-57. Waltham, MA: Pegasus Communications.

Rapoport, Anatol. 1986. *General System Theory: Essential Concepts and Applications. Cybernetics and Systems Series, V. 10.* Tunbridge Wells, Kent: Cambridge, MA:Abacus Press.

Rhodes, R.A.W. 1981. *Control and Power in Central-Local Government Relationships*. Farnborough: Gower.

---. 1988. *Beyond Westminster and Whitehall*. London, UK: Unwin-Hyman.

---. 1997. *Understanding Governance: Policy Networks, Governance, Reflexivity and Accountability*. Buckingham, UK: Open University Press.

--- and David Marsh. 1992. Policy Networks in British Politics. In *Policy*

Networks in British Government, edited by David Marsh and R.A.W. Rhodes, 1-26. Oxford: Clarendon Press.

Richardson, George P. 1991. *Feedback Thought in Social Science and Systems Theory.* Philadelphia, PA: University of Pennsylvania Press.

--- and Alexander L. Pugh III. 1981. *Introduction to System Dynamics Modeling with DYNAMO.* Portland, OR: Productivity Press.

Richardson, Jeremy J. and A. Grant Jordan. 1979. *Governing under Pressure: The Policy Process in a Post-Parliamentary Democracy.* Oxford: Martin Robertson.

Richmond, Barry. 1991. Systems Thinking: Four Key Questions. Lebanan, NH: High Performance Systems, Inc. 網址： http://www.hps-inc.com/ hps_resources.htm (檢閱日期: 3/25/2004)

---. 1994. Systems Thinking/System Dynamics: Let's Just Get On With It. *System Dynamics Review* 10(2-3):135-157.

Ripley, Randall B. and Franklin, Grace A. 1981. *Congress, the Bureaucracy and Public Policy.* Homewood, IL: Dorsey Press.

Senge, Peter. 1990. *The Fifth Discipline: The Art and Practice of the Learning Organization.* New York: Doubleday.

Van Waarden, Frans. 1992. Dimensions and Types of Policy Networks. *European Journal of Political Research* 21: 29-52.

Wellmann, Barry. 1988. Structural Analysis: From Method and Metaphor to Theory and Substance. In *Social Structure: A Network Approach*, edited by Barry Wellmann and S.D. Berkowitz . Cambridge: Cambridge University Press.

Wilks, Stephen and Maurice Wright. 1987. Conclusion: Comparing Government-Industry Relations: States, Sectors, and Networks. In *Comparative government-industry relations : Western Europe, the United States, and Japan*, edited by Stephen Wilks and Maurice Wright, 274-313. Oxford: Clarendon Press.

第七章
結論與建議

　　公共政策的主要目的，是為了解決特定的政策問題，然而少有政策執行完全達成預設目標或不產生非預期結果的。政策執行成效不彰甚至產生非預期的副作用，通常導自諸多原因，有論者將此歸咎於政策問題的認定錯誤；或是政策設計不良；或是執行過程的疏失，顯然，政策過程各階段皆有可能影響政策成效。雖然本書聚焦於政策執行網絡，但並無意將政策執行效果不彰的責任完全歸咎於政策執行階段。然筆者認為，由於近代政策利害關係人之間彼此的角色、功能、以及互動方式在不同的典範引導之下已有所改變，致使政策執行架構產生質變，而政策執行階段對於政策結果又有直接的影響，因此要了解政策執行效果不彰的導因，應該可以用宏觀的角度，從政策執行系統的檢視開始。

　　因此，本書設定的主要研究目的，誠如第一章所述，除了先從社會福利預算規模與變動趨勢了解我國目前社會福利政策的內涵與方向之外，最主要的是從政策網絡的觀點，探討社會福利政策執行系統之主要參與者間的認知、態度、策略、以及互動模式與困境，並利用系統思考途徑的輔助，探索系統參與者互動困境的導因與解決方法。

第一節　研究回顧與總結

　　在提出政策建議之前，先回顧本書的研究脈絡與各章的研究發現，以便清楚呈現政策建議的推論邏輯。

　　本書第二章為社會福利政策背景的探討，從社會福利預算規模與變動趨勢了解我國目前社會福利支出的內涵與變動因素，並將其與經濟發展預算規模做一比較分析，試圖了解我國政府在二者之間的資源配置與權衡。研究結果顯示中央政府自民國八十四年全民健保開辦之後，社會福利支出就未曾低於經濟發展支出，然而社會福利支出的擴張，追究原因有二，其一是因為增加了政治意味濃厚的老人福利津貼，其二是填補了各種社會保險虧損。在國家財政壓力與資源有限的情況下，老人福利津貼的增設更是排擠了社會福利其他項目的預算。至於地方政府的社會福利預算規模，過去十幾年來變動不大而且始終低於經濟發展預算。所以，從中央政府總預算觀之，雖然社會福利預算規模日趨上漲，但與社會福利品質的改善似乎無法畫上等號。筆者認為，要檢討社會福利預算規模是否過於龐大，不如聚焦於社會福利支出的效率上，換言之，如何改善社會福利體系的運作方式，使社會福利的支出能夠更有效率，才應該是各界重視的議題。

　　第三章針對政策網絡相關文獻進行整理，並從政策網絡觀點分析社會福利領域中，議題倡導網絡與政策執行網絡的運作以及網絡行動者的互動。研究結果發現，相較於政策議題倡導網絡，政策執行網絡行動者之間在政策價值與目標上較能達成共識，所有行動者

皆擁有資源，而且彼此具有類似政策社群般的的緊密互賴關係，同時，行動者間的互動方式確定，彼此關係呈現較為穩定的狀態，至於網絡界限則較為明確，所以網絡開放性比較低。特別是在政策執行網絡中，政府部門與非營利組織間的互動係屬協力合作模式，其中的衝突相較於議題倡導網絡顯然較少。但是，非營利組織雖然在政策執行網絡中展現不可忽略的影響力，而且似乎分攤了政府在福利服務輸送上的責任，然而不可否認的，二者間的課責關係因此變得更加複雜。再者，由於非營利組織無法承接所有福利基層業務，因此，對於公部門而言，非營利組織的加入雖然減輕了其部份的業務負擔，但同時卻也增加了監控非營利組織服務品質的責任，因此，公部門如何改善本身的行政效率與能力，反而在當代一片公私協力的浪潮中，更顯重要。所以，第四章與第五章針對公部門在政策執行過程中所產生的困境進行實證研究，第六章則利用系統思考的觀點，試圖建構社會福利輸送系統中的課責架構，以及探索公部門在政策執行過程中產生行政困境的原因以及解決之道。

　　第四章主要針對政策執行理論進行全面性的文獻分析，探索歷年相關文獻中，影響政策執行結果的重要因素。本章整理出的關鍵因素，在靜態面有政策執行架構、行政裁量、資源、與政策本質；而在動態面則有政策執行過程以及政策學習。這些因素中，執行架構的設計、行政裁量權的賦予、政策本質、以及政策學習機制的建立，都是決定於政策設計與規劃階段。而政策執行架構中的權責關係、行政裁量權的程度、執行單位間的資源互動、以及政策執行過程中執行單位間的互動，則直接影響政策執行的結果。

　　第五章接續第四章的討論面向，以台北市為例，將分析焦點放在社會福利政策執行過程中，地方政府社政單位間的互動方式。本章從四個面向分析社政單位的部際互動，分別是靜態面的權責關係，以及動態面的資訊流通、資源交換、與部際文化。研究發現在現存的地方社會福利政策執行系統的設計，容易導致單位間對於彼此的關係產生認知上的差異，再加上地方財政壓力導致業務經費不足，使得政策執行過程中產生衝突與障礙。在權責關係上，研究發現台北市社會局與區公所社會課之間因無上下從屬關係，所以二者間的業務委託從表面上觀察係屬平等合作的夥伴關係，但透過訪談深入了解之後，則發現二者互動的本質仍無法脫離官僚層級的思維，因為二者的組織成員在文官職等上仍有明顯的高低之分，所以社會課對於社會局的態度傾向於不情願的服從。在資訊流通上，二者對於溝通方式與溝通結果有不同的認知，社會局認為溝通管道暢通且溝通結果良好，但是社會課則對此抱持相反的態度，甚至對於未來的溝通都採取負面的思維。在資源互動上，社會局因財政能力有限而無法針對所有委託業務提供充足的資源，導致社會課在業務執行上的不便，而社會課所擁有的重要資源--轄區內弱勢族群的深度資訊，也因為有限的行政裁量權而無法發揮作用。上述種種皆可能影響部際間協力合作的誘因，使部際文化隱含著衝突與不信任。

　　第六章延續前面數章的研究，以系統思考途徑結合政策網絡觀點，重建政策執行網絡的課責架構，並且以概念模型來分析政策執行網絡中，公部門社政單位互動的困境與導因。研究發現分為兩個部份，首先在課責架構的建立上，筆者認為系統思考與政策網絡觀

點分別對於課責架構的建立有不同的貢獻，政策網絡途徑幫助網絡行動者更了解網絡成員互動的本質以及資訊交換的內涵，並確立本身在網絡中「資源擁有者」的角色。而系統思考則幫助網絡成員明白自己對於網絡整體運作的影響力，透過對系統問題行為的分析、回饋環路的語言、以及系統動力模型的模擬結果，深入了解本身的網絡定位。在整合兩種途徑建立網絡課責架構時，本文特別強調接受福利服務的案主在系統中有回饋資訊的非正式責任，使政府與提供福利服務的非營利組織能夠更了解顧客的真正需求。其次，政府過度依賴業務委託，以及利用財務處罰的方式來監控受託機構的服務品質，可能反而對服務品質會造成負面的影響。

　　第六章第二部份的研究發現，地方政府社政單位部際合作的困境關鍵在於二者的合作意願。其中，社會課成員的合作意願直接關係到政策執行結果。然而，社會課的合作意願，卻受到社會局被動的溝通態度以及不足的資源提供而有負面的影響，而這些互動態度與結果都成為建構部際文化的關鍵元素，一但部際文化中的衝突已然成型，若社會局無法改變既有的溝通方式，再加上市政府面臨財政壓力所導致的財政資源不足，都將惡化整個政策執行系統的運作，引發惡性循環。

第二節 研究建議

壹、政策建議

綜合以上的論述，在此將提出整體性的政策建議。第一，針對我國社會福利支出的成長，以及各界對於社會福利排擠經濟發展的擔憂，筆者認為現階段的討論應聚焦於社會福利支出的使用效率上。OECD 各國在社會福利支出急劇上升的情況下，不斷透過社會福利方案的改善以及社會福利體系的重組來控制福利支出，試圖更有效率地使用有限的福利資源，並且深信社會福利與經濟發展可以共存。事實上，一個以發展福利國為理想的國家，不論政府或公民都必須明白福利國的基本精神在於福利與效率的同時提升，換言之，一個朝向福利國目標邁進的政府，在擴大社會福利服務範圍而導致相關支出增加的同時，更應該重視自由市場中所強調的效率，所以我國政府當務之急，是減少政治承諾式的社會福利支出，全面檢視社會福利系統，以有效率地利用社會福利資源。

第二，政策執行網絡中的關鍵行動者應該對於自己的網絡定位有清楚的認知。首先，接受福利服務的案主必須學習積極參與社會福利政策過程，利用各種適當的途徑讓福利提供者了解其真正需求，但同時全民也應該有共同的體認，不濫用有限的福利資源。其次，非營利組織參與政策過程的積極程度異於以往，因此更應該把持其原有的公益特質與使命，準備好負起更多的社會責任，不論經費的來源是政府補助、社會捐款、或是產業化所得，都應該深切體

認一旦以社福性非營利組織自居，就不再是單純的私人機構，特別是一但與政府之間有了業務委託的契約關係，更應該了解本身在社會福利政策執行網絡中課責性的提升。再者，就公部門而言，除了必須認知到過去單一統治者由上而下的治理模式已經不符合社會福利多元化的要求，而當公私協力與顧客導向成為必然的趨勢之時，政府的責任事實上不減反增，不僅仍應該持續導正社會價值，使公益相關議題成為公私部門的關切焦點，還應該以更明確的課責方式來建立本身與受託機構的關係，使雙方充分了解彼此的權利義務，此外，更要利用各種管道促使案主了解本身的定位與影響力，使案主從被動的福利接受者，轉為主動的福利爭取者。最後，政府還必須在長期的業務委外情況下，保持足夠的行政彈性與能力，避免過度依賴受託機構而導致政府的監督流於形式。

　　第三，要增加公部門的行政效率以及改進政策執行結果，公部門內部單位間的協力合作是關鍵要素之一。針對社政單位的部際互動，本研究的建議如下：（1）基於社會福利政策的特殊屬性，個案的分殊性、差異性與急迫性皆不同，因此基層人員應該被賦予更大的行政彈性，以有助於提升服務品質。雖然行政彈性意味著工作人員將更耗時耗力，但是這層顧慮可以透過適當的財政與人力資源的挹注來解決。（2）公部門雖然有正式的考績制度，但是非正式的激勵方式不容忽視。不只是單位內部的非正式激勵，部際之間也應該有非正式激勵的存在，如此對於營造和諧的部際文化，以及維持承辦人員的工作動機，都將有正面的影響。（3）由於本研究發現制度的設計會影響政策執行參與者的行為，因此建議社會局與社會課之

　　間應該針對業務的委託建立正式的考核制度，使二者對於彼此的互動關係有相同的認知，避免因為認知上的差異而對彼此態度產生錯誤的預期。當然，為了部際關係的和諧，建議二者應儘量改變原有的心智模式，社會局成員應正視實際的部際溝通結果，不再誤認為溝通管道的存在等同於有效的溝通，至於社會課成員則避免採取經驗原則，而對於溝通結果採取負面的預設態度。

　　誠如前述，影響社會福利政策結果的因素隱含於政策過程的各個階段中，本書雖無意強調政策執行階段對於政策執行結果的影響力大於其他政策階段，但是社會福利政策屬性特殊，處理的業務係以人為主，而政策執行階段就是直接接觸案主的階段，不論是公部門的基層行政人員，或是提供福利服務的非營利組織成員，他們的工作動機、對於政策的認知、以及提供服務時面對案主的態度，都將直接影響案主的感受，這也是社會福利政策執行階段更應該受到重視的原因。

貳、後續研究建議

　　本書的後續研究可以分為三個部份，首先是針對網絡中三大行動者的互動進行實證研究，以問卷與深度訪談的方式，探究個別行動者的策略、認知、與互動態度，以期更深入探究網絡運作的本質與內涵。其次，在公部門中部際關係的探討上，則將進一步蒐集實際數據，透過系統動力模型的建構，將第六章中的概念模型公式化，使之成為可以進行政策模擬的模型，以便測試本書政策建議的

長期影響。最後，本研究後續將再加入一個依變數——政策執行結果，以驗證政策執行理論中各種政策執行影響因素與執行結果的相關性，期望研究結果可以提供政府在政策執行過程中的參考。

國家圖書館出版品預行編目

社會福利政策執行網絡探析 / 李翠萍著.
 - 一版. -- 臺北市：秀威資訊科技, 2006[95]
　　面；　公分. -- (社會科學; AF0050)
含參考書目

ISBN 978-986-7080-93-6(平裝)

1. 社會福利 – 政策

547.1　　　　　　　　　　　　95017965

 社會科學類　AF0050

社會福利政策執行網絡探析

作　　者 / 李翠萍
發 行 人 / 宋政坤
執行編輯 / 詹靚秋
圖文排版 / 張慧雯
封面設計 / 李孟瑾
數位轉譯 / 徐真玉　沈裕閔
圖書銷售 / 林怡君
網路服務 / 徐國晉
出版印製 / 秀威資訊科技股份有限公司
　　　　　台北市內湖區瑞光路 583 巷 25 號 1 樓
　　　　　電話：02-2657-9211　　　傳真：02-2657-9106
　　　　　E-mail：service@showwe.com.tw
經 銷 商 / 紅螞蟻圖書有限公司
　　　　　台北市內湖區舊宗路二段 121 巷 28、32 號 4 樓
　　　　　電話：02-2795-3656　　　傳真：02-2795-4100
　　　　　http://www.e-redant.com

2006 年 9 月 BOD 一版
定價：290 元

讀　者　回　函　卡

感謝您購買本書，為提升服務品質，煩請填寫以下問卷，收到您的寶貴意見後，我們會仔細收藏記錄並回贈紀念品，謝謝！

1. 您購買的書名：＿＿＿＿＿＿＿＿＿＿＿＿＿＿＿＿＿

2. 您從何得知本書的消息？

　　□網路書店　□部落格　□資料庫搜尋　□書訊　□電子報　□書店

　　□平面媒體　□ 朋友推薦　□網站推薦　□其他＿＿＿＿＿＿

3. 您對本書的評價：(請填代號　1.非常滿意 2.滿意 3.尚可 4.再改進)

　　封面設計＿＿　版面編排＿＿　內容＿＿　文/譯筆＿＿　價格＿＿

4. 讀完書後您覺得：

　　□很有收獲　□有收獲　□收獲不多　□沒收獲

5. 您會推薦本書給朋友嗎？

　　□會　□不會，為什麼？＿＿＿＿＿＿＿＿＿＿＿＿＿＿＿＿

6. 其他寶貴的意見：＿＿＿＿＿＿＿＿＿＿＿＿＿＿＿＿

＿＿＿＿＿＿＿＿＿＿＿＿＿＿＿＿＿＿＿＿＿＿＿＿

＿＿＿＿＿＿＿＿＿＿＿＿＿＿＿＿＿＿＿＿＿＿＿＿

＿＿＿＿＿＿＿＿＿＿＿＿＿＿＿＿＿＿＿＿＿＿＿＿

讀者基本資料

姓名：＿＿＿＿＿＿＿＿＿　年齡：＿＿＿　性別：□女 □男

聯絡電話：＿＿＿＿＿＿＿　E-mail：＿＿＿＿＿＿＿

地址：＿＿＿＿＿＿＿＿＿＿＿＿＿＿＿＿＿＿＿＿＿

學歷：□高中(含)以下　□高中　□專科學校　□大學

　　　□研究所(含)以上 □其他＿＿＿＿＿＿

職業：□製造業 □金融業 □資訊業 □軍警 □傳播業 □自由業

　　　□服務業 □公務員 □教職　□學生 □其他＿＿＿＿＿

To：114

台北市內湖區瑞光路 583 巷 25 號 1 樓

秀威資訊科技股份有限公司　　　收

寄件人姓名：

寄件人地址：□□□

(請沿線對摺寄回,謝謝!)

秀威與 BOD

BOD（Books On Demand）是數位出版的大趨勢，秀威資訊率先運用 POD 數位印刷設備來生產書籍，並提供作者全程數位出版服務，致使書籍產銷零庫存，知識傳承不絕版，目前已開闢以下書系：

一、BOD 學術著作—專業論述的閱讀延伸
二、BOD 個人著作—分享生命的心路歷程
三、BOD 旅遊著作—個人深度旅遊文學創作
四、BOD 大陸學者—大陸專業學者學術出版
五、POD 獨家經銷—數位產製的代發行書籍

BOD 秀威網路書店：www.showwe.com.tw
政府出版品網路書店：www.govbooks.com.tw

　　永不絕版的故事・自己寫・永不休止的音符・自己唱